U0564022

电网企业
数字化转型应知应会

国网冀北电力有限公司　组编

中国电力出版社
CHINA ELECTRIC POWER PRESS

内容提要

《电网企业数字化转型应知应会》主要介绍了电网企业数字化转型相关管理和技术知识，重点普及电网企业数字化基础设施、业务赋能、网络安全等各方面知识。本书总体采用问答式设计，相关文字配备图、表进行形象化说明；对于典型数字化场景采用案例方式，提高易读性和启发性。本书共八章，包含数字化转型基础、数字化基础设施、企业中台、业务赋能、网络安全、数据管理与应用、项目全过程管理、典型数字化场景，并设有知识拓展、数字化资源申请与使用指引、电网企业数字化转型相关制度标准目录、问答索引 4 个附录，进一步拓展补充电网企业数字化转型常见名词解释、资源使用指导等知识。

《电网企业数字化转型应知应会》面向的对象主要为电网企业基层员工，同时适合对电网企业数字化转型感兴趣的读者学习参考。

图书在版编目（CIP）数据

电网企业数字化转型应知应会 / 国网冀北电力有限公司组编 . -- 北京：中国电力出版社，2024. 11. -- ISBN 978-7-5198-9435-1

Ⅰ. F426.61

中国国家版本馆 CIP 数据核字第 2024PE9456 号

出版发行：中国电力出版社
地　　址：北京市东城区北京站西街 19 号（邮政编码 100005）
网　　址：http://www.cepp.sgcc.com.cn
责任编辑：罗晓莉（010-63412547）
责任校对：黄　蓓　王海南
装帧设计：王红柳
责任印制：吴　迪

印　　刷：北京九天鸿程印刷有限责任公司
版　　次：2024 年 11 月第一版
印　　次：2024 年 11 月北京第一次印刷
开　　本：787 毫米 ×1092 毫米　16 开本
印　　张：15.5
字　　数：338 千字
定　　价：98.00 元

在数字化、智能化浪潮的推动下，全球经济正经历着前所未有的变革。作为保障国家能源安全的重要组成部分，电网企业在这场变革中扮演着至关重要的角色。数字化转型不仅是电网企业适应新时代发展的必然选择，更是提升企业竞争力、实现高质量发展的关键途径。

国网冀北电力有限公司（以下简称"冀北公司"）认真落实国家电网有限公司数字化转型总体部署，围绕公司争创新型电力系统示范标杆和高质量发展标杆目标要求，制定实施数字化转型三年登高行动计划，强化数字化转型的顶层设计、资源整合和力量协同。同时，坚持问题导向和系统观念，在实践中探索创新，逐步形成以"数字化转型三年登高行动"统筹引领、以"一地一特色、一单位一核心"数字化能力建设全面布局、以"揭榜挂帅"项目重点突破的"三位一体"数字化管理体系。

在实践中，我们深刻认识到数字人才和全员数字素养是数字化转型的重要保障。为更好提升全员数字素养，冀北公司成立《电网企业数字化转型应知应会》编委会以及编写组，深入挖掘数字化转型主要做法和知识要点，提炼形成具有普及性、通用性的电网企业数字化转型知识手册，旨在为基层员工等提供一本全面、系统的数字化转型指南，同时也为电网企业的决策者、管理人员、技术人员提供参考。书中涵盖了数字化转型的基础知识、技术标准，通俗易懂地介绍各个专业系统的使用方法，方便读者快速了解基本情况，并用实践案例启发读者攻"会创新"之玉，以期更好推动数字化转型"登高"。

我们深知数字化转型的复杂性和挑战性，也深信通过正确的方法和策略，电网企业能够抓住数字化带来的机遇，实现质的飞跃。本书共八章，内容涵盖了从数字化转型的基本概念、技术使用，到具体的实施步骤、案例分析，再到未来的发展趋势和展望。每一章力求深入浅出，既适合专业人士深入研究，也便于非专业读者了解和学习。

在此，我们要感谢所有参与本书编写、审校和支持的同仁们。没有你们的辛勤工作和宝贵意见，本书的完成是不可能的。最后，我们期待本书能够成为电网企业数字化转型道路上的一盏明灯，照亮前行的方向，激发更多的思考和实践。让我们一起拥抱数字化、智能化，共创电网企业的美好未来！

由于数字化转型点多面广，编写组限于时间和水平，书中难免存在疏漏与不足之处，恳请各位专家和读者提出宝贵意见，使之不断完善。

编写组

2024 年 11 月

目录

第一章　数字化转型基础

本章从数字化转型的背景、意义、目标、原则、体系、措施等方面，详细阐述了数字化转型的必要性，明确了数字化转型对电网企业的重要性。本章详细介绍了数字化转型的推进策略、工作思路、重点工作、保障措施等，驱动业务流程、管理模式、生产方式变革，有效支撑新型电力系统建设和电网企业高质量发展。

（1）数字化转型的背景是什么？

党的十九届五中全会提出，要加快数字化发展，发展数字经济，推进数字产业化和产业数字化，推动数字经济和实体经济深度融合，打造具有国际竞争力的数字产业集群。国家"十四五"规划纲要提出，加强关键数字技术创新应用，加快推动数字产业化，推进产业数字化转型。党的二十届三中全会提出，加快新一代信息技术全方位全链条普及应用，发展工业互联网。习近平总书记明确我国将力争 2030 年前实现碳达峰、2060 年前实现碳中和，要构建清洁低碳安全高效的能源体系，加快构建新型电力系统，提升国家油气安全保障能力。因此，迫切需要立足新发展阶段，加快推进**电网企业数字化转型**（见知识拓展1），服务经济社会发展和人民美好生活，发挥"大国重器"和"顶梁柱"作用。

（2）数字化转型的意义是什么？

持续加快推动电网企业数字化转型，是应对能源变革、提升服务效率、增强电网安全稳定运行能力的必然选择。通过数字化转型实现电网智能化水平的有效提升，进而实现更高效的资源调配，降低运维成本，提高供电可靠性；通过数字化转型，有助于电网企业优化服务流程，在用户体验等方面实现不断提升，进而更好地满足社会和经济发展的用电需求。在数字化转型的趋势下，推动电力行业持续健康发展。

（3）数字化转型的目标是什么？

电网企业数字化转型基于强大的"算力""数力"和"智力"，通过在数字空间环境下开展计算推演、智能决策和互动调节。按照**"三融三化"**（见知识拓展 2）的推进思路，在范围上包括对实体电网的感知控制与分析计算、企业经营管理、客户价值服务。在价值上实现数据流、能量流、业务流、价值流的多流合一，全面提升电网企业业务的管控力、协同力和决策力，推动电网功能形态、管理服务模式、生产作业方式、企业治理体系等全方位优化重塑。

（4）数字化转型的工作原则是什么？

电网企业数字化转型的工作原则主要包括：以用户需求、行业发展为导向，坚持创新驱动，注重数据驱动决策，强化信息安全保障，推动跨部门协同合作。在转型过程中，应充分利用先进技术和方法，确保转型的科学性、系统性和可持续性，以实现电网企业运营效率的显著提升和竞争力的不断增强。

（5）"三位一体"数字化管理体系包含哪些内容？

为争创新型电力系统示范标杆和高质量发展标杆（"两个标杆"），电网企业应全面构建"三位一体"数字化管理体系，即：

1）以三年登高统筹引领，绘制转型蓝图。编制电网企业数字化转型三年登高行动方案，强化顶层设计、资源整合、资金保障和力量协同。

2）以能力建设全面布局，锻造发展内核。锻造基层数字化发展内核，形成全面助推基层单位高质量发展，以点带面带动电网企业整体数字化转型能力提升。

3）以揭榜挂帅重点突破，激活创新活力。多部门协同实行数字化重点项目"揭榜挂帅"，凝聚人才合力、挖掘创新潜力、激发转型效力，全力外延电网企业数字化转型成果价值，聚能推广形成规模化应用成效。

（6）数字化转型的主要推进策略是什么？

推动电网企业数字化转型主要围绕一个主线，连接两个空间，聚焦五个链条，实现四个服务实现。其中，"围绕一个主线"是指围绕数字技术与电网企业业务深度融合的主线。"连接两个空间"是指连接物理空间和数字空间。"聚焦五个链条"是指聚焦电网运行全环节、规划建设全领域、设备管理全过程、客户服务全方位、经营管理全场景开展建设。"实现四个服务"是指服务电网企业高质量发展、服务新型电力系统建设、服务电网安全运行和电力可靠供应、服务能源清洁低碳转型。数字化转型的主要推进策略如图 1-1 所示。

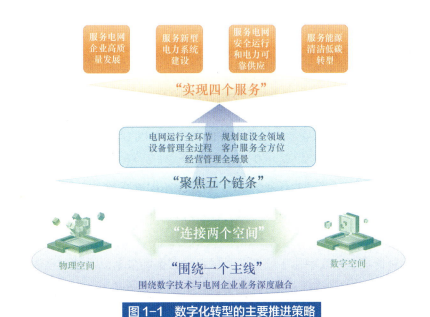

图1-1 数字化转型的主要推进策略

（7）数字化转型登高行动有哪些重点工作？

电网企业数字化转型登高行动重点工作如图1-2所示，一般包括：一是建设数字新基座，为电网企业数字化转型提供统一坚强的新型数字基础设施。二是打造中台智能化引擎，持续完善基础数据底座和关键技术底座，构建中台智慧推演与辅助决策能力。三是提升电网智慧运行水平，着力提升新型电力系统全环节可观可测、可调可控水平，促进源网荷储协调互动，增强电网气候弹性、安全韧性和调节柔性。四是提升设备精益管理水平，优化电网生产作业模式，支撑电网企业现代设备管理体系建设。五是提升高效经营管理水平，推进资源最优配置、业务高效协同，实现企业核心资源科学合理调配，构建高标准、高质量、高效率的企业经营管理模式。六是提升客户优质服务水平，利用大数据、人工智能和物联网等数字技术，全面提升服务品质，带动产业链上下游共同发展，服务政府和行业治理，支撑电网企业卓越服务体系建设。七是强化关键支撑体系建

图1-2 电网企业数字化转型登高行动重点工作

设，着力加强数据治理、数字架构、数字应用、专业支撑体系建设，加快人才队伍建设和内外部资源整合，全面提升电网企业数字化转型的整体性、系统性和协同性。

（8）数字化转型如何助力新型电力系统建设？

电网企业数字化转型主要通过以下四方面助力新型电力系统建设。

1）提升系统智能化水平。数字化转型通过引入大数据、云计算、人工智能等先进技术，显著提升了电力系统的智能化水平。这些技术能够实现对海量数据的实时采集、处理和分析，为电力系统的优化运行提供有力支持。（在本书第二章第四节和第三章第三节有所体现。）

2）优化资源配置。数字化手段能够利用海量数据和数据模型精准预测新能源出力和负荷变化，最大限度地释放数据资源价值，从而优化发电和电网调节资源的配置。这有助于提高电力系统的灵活性和响应速度，更好地适应新能源接入带来的挑战。（在本书第六章第二节有所体现。）

3）增强网络安全性和数据安全性。数字化转型同时促进电网企业**网络安全**（见知识拓展28）和数据安全的提升。通过建设网络安全管理体系持续优化安全策略，保障电网企业网络稳定可靠。通过建立健全的数据安全管理体系，保障数据的高度安全，促进数据与业务的深度融合，提升数据对电力系统的建设支撑作用。（在本书第五章第二节有所体现。）

4）推动产业创新。数字化转型为电力行业带来了前所未有的创新机遇。它促进了新技术、新模式的不断涌现，推动了电力行业的转型升级和高质量发展。（在本书第四章第一节有所体现。）

综上所述，数字化转型通过提升系统智能化水平、优化资源配置、增强网络安全性和数据安全性，以及推动产业创新等方面，为新型电力系统的建设提供有力支撑，并促使多项关于新型电力系统应用场景的建设落地。（在本书第八章第四节有所体现。）

（9）数字化转型应具备怎样的数字化能力？

电网企业数字化转型应具备"一基础，三核心，两保障"的数字化能力（见图1-3）。"一基础"是基础设施支撑能力，定位于提供数字化物理设备部署、网络连接、云计算和物联管理等新型数字基础设施服务。"三核心"包括通用技术服务能力、数据价值创造能力和业务应用构建能力。通用技术服务能力定位于提供共性的时空、视频、人工智能、权限、移动互联、区块链等基础性技术服务；数据价值创造能力定位于提供企业级数据汇聚、资源管理、数据应用等数据要素服务；业务应用构建能力定位于提供电网资源、客户服务、项目管理、财务管理等企业级业务共享服务。"两保障"包括网络安全和数据管理保障能力与应用保障能力，定位于提供保障电网企业数字化设备、网络、数据、系统等安全、稳定、便捷、高效运转服务。

图1-3　电网企业数字化能力体系

（10）数字化转型需要哪些保障措施？

电网企业数字化转型首先要强化信息安全，建立健全信息安全体系，保护数据安全。其次是加强人才培养，提升员工数字技能和素养，培养专业人才。再次是加大资金投入，支持数字技术研发和应用，提升数字化水平。最后是完善政策支持，出台相关政策，为数字化转型提供有力支持。数字化转型的保障措施如图1-4所示。

图1-4　电网企业数字化转型的保障措施

第二章　数字化基础设施

本章主要介绍包括基础设施、信息网络与分区、云平台、物联管理平台在内的数字化基础设施，使基层员工对数字化能力体系的"底座"有较为全面地认识。电网数字化基础设施的建设不仅提高了电网的自动化和智能化水平，还增强了电网的安全性和可靠性，为电力行业的可持续发展提供了有力支撑。

第一节　基础设施

电网企业数字化基础设施涵盖面较广，本节主要选取与电网企业基层相关性较高的信息网络与分区、云平台、物联管理平台、信息机房等内容，进行导引性介绍，后续节再深入讲解。数字化基础设施承载着电网企业各业务系统的海量数据传输和计算分析等任务，保障着电网安全生产和稳定运行。

（1）电网企业常见的数字化基础设施有哪些？

数字化基础设施的应用，有助于提高电网的运行效率、可靠性和智能化水平，为电力行业的发展带来新的机遇和挑战。数字化基础设施涵盖数字化硬件和相关软件，以下为电网企业常见的数字化基础设施。

1）信息通信网络：用于实现数据的高速、稳定传输。

2）云平台：可以将各种应用系统部署在云端，实现资源的灵活调配和共享，降低运营成本。

3）智能传感器和监测设备：能够实时收集，如电压、电流、功率、温度等电网的各种数据。

4）电力物联网：将电网中的各类设备和系统连接起来，形成一个设备间互联互通的网络。

5）机房：为大量的数据提供安全的存储环境，同时保障数据处理设备（如服务器等）的正常运行，以满足各种信息系统的需求。

（2）什么是信息通信网络？

信息通信网络是指用于信息传输和通信的一套复杂系统。它包含了多种要素和技术，主要有以下功能：

1）承担连接性功能：将不同的地点、设备和用户连接起来，实现信息的交互和共享。

2）作为传输介质：如光纤、电缆、无线电波等，用于承载信息信号。

3）作为网络节点：包括路由器、交换机等设备，负责信息的路由和交换。

4）提供多种通信方式：支持语音、数据、图像、视频等多种形式信息的传输。

（3）什么是管理信息大区？

管理信息大区是由承载电网企业核心生产、经营、管理和涉商密业务系统构成的安全区域，与互联网等社会公用网络之间应有强逻辑隔离，与电力监控系统等生产网络之间应有单向隔离。

（4）管理信息大区的特点有哪些？

管理信息大区具有高安全性、数据集中性、业务复杂性、高稳定性、需求实时性等特点。

1）高安全性：对信息安全有严格要求，采取了多种安全防护措施来保障数据和系统的安全，可防止外部攻击和非法访问。

2）数据集中性：集中存储和管理大量与电网运行、企业管理等相关的数据，便于进行分析和决策。

3）业务复杂性：涵盖多种业务领域，如财务管理、人力资源管理、物资管理、生产管理等，业务流程等，逻辑较为复杂。

4）高稳定性：因为其支撑着电网企业的正常运营，所以必须保持高度的稳定性，以确保各项业务的持续进行。

5）需求实时性：部分业务如实时监控等对数据的实时性有一定要求，以保证对电网运行状态的及时掌握。

（5）什么是互联网大区？

互联网大区是由承载对外服务类业务系统［网站、邮件、**电力交易平台**（见知识拓展 63）、电子商务等］和互联网新兴业务系统［综合能源服务、**车联网平台**（见知识拓展 62）、光伏云网、移动办公、**网上国网**（见知识拓展 61）等］构成的安全区域。

（6）互联网大区的特点有哪些？

互联网大区具有安全性高、专网专用、区域间关系复杂、业务交互频繁和技术要求高等特点（见图 2-1）。

1）安全性高：作为内网和外网交互的中间区域，互联网大区采取了多种安全防护措施。

2）专网专用：互联网大区内的终端和系统只允许在对应的区内使用，不得一机双网使用，也不允许连接过下级网络的设备接入上级网络，以确保网络的专用性和安全性。

3）区域间关系复杂：互联网大区与其他区域（如生产控制大区、管理信息大区等）之间存在着复杂的关系，需要进行精细的数据访问与传输过滤，以实现不同区域之间的安全隔离和数据交换。

4）业务交互频繁：互联网大区需要与外网进行数据交互，同时也需要与内网的其他区域进行业务协作，因此需要具备高效的数据传输和处理能力。

5）技术要求高：为了满足安全性和业务需求，互联网大区需要采用先进的技术手段。

图 2-1 互联网大区的特点

（7）云平台的功能架构包括哪些？

云平台的功能架构包括云基础设施、云平台组件、云服务中心和云安全套件 4 部分。

1）云基础设施：包括基础硬件、云操作系统、负载均衡、内容分发等组件。

2）云平台组件：包括信息集成组件、数据资源组件、应用构建组件。

3）云服务中心：支持对各平台组件的服务进行统一纳管、组装编排，以业务应用为中心，为业务应用提供部署、配置、监控及调度等功能。

4）云安全套件：在现有安全体系与产品的基础上，针对云环境提供主机虚拟化安全、网络虚拟化安全等基础防护，并为上云业务应用提供网络、数据和应用等安全服务，强化完善云环境的安全防护能力。

（8）什么是物联管理平台？

物联管理平台作为电网企业智慧物联体系基础支撑底座，主要用于实现各专业、各类型终端设备的统一管理和应用，并向企业中台、业务系统以开放接口方式提供标准化的数据和平台能力，自身不持久化存储采集数据，主要包括连接管理、设备管理、消息处理、北向服务（指为业务系统、企业级实时量测中心提供服务开放能力，提供消息服务和 API 服务，支撑各专业应用实现自身物联业务）、协议适配以及平台管理等功能。

（9）信息机房里的设备有哪些？

信息机房里的设备一般有服务器、网络设备、存储设备、不间断电源（UPS）、空调设备、机柜、防火墙、多计算机切换器（KVM）、监控设备、配线架、48V 直流供电系统等。

1）服务器：处理和存储大量数据，为各种应用和服务提供支持。

2）网络设备：交换机、路由器等用于信息通信的设备。

3）存储设备：如磁盘阵列，用于数据的存储和备份。

4）不间断电源（UPS）：在停电时提供临时电力，保障设备正常运行。

5）空调设备：维持机房合适的温度和湿度。

6）机柜：用于安装和固定各种设备。

7）防火墙（见知识拓展 31）：防止外部网络的非法入侵和攻击的硬件设备。

8）多计算机切换器（KVM）：方便管理员对多台服务器进行操作和管理。

9）监控设备：进行温度监控、湿度监控、电力监控等。

10）配线架：整理和管理网络线缆。

11）48V 直流供电系统：保障服务器、存储设备等关键设施在长时间运行中不会因为供电问题而出现故障或性能下降。

（10）什么是机房运维？

机房运维是指对放置计算机设备、网络设备等的机房环境进行的一系列管理和维护工作。主要内容如图 2-2 所示。

1）设备管理：确保服务器、存储设备、网络设备等的正常运行，包括安装、配置、监控、故障排除等。

2）环境维护：保证机房的温度、湿度、电力等环境条件适宜。

3）网络管理：维护网络的稳定性和通畅性，如网络配置、线路检测等。

4）安全管理：包括物理安全（如门禁控制），以及信息安全（如防火墙配置、漏洞检测与修复）等。

5）数据备份与恢复：定期对重要数据进行备份，并确保在需要时能有效恢复。

6）硬件维护与升级：对设备硬件进行定期检查、清洁、更换或升级。

7）日常巡检：定时对机房内的各项设施进行巡查，及时发现潜在问题。

图 2-2 机房运维主要内容

第二节　信息网络与分区

信息网络在电网企业生产中发挥着极其重要的作用，信息网络将各区域和系统相连接，共同打造一个协同工作、及时高效的运行体系，根据网络覆盖范围划分为**广域网和局域网**（见知识拓展 7），实现了数据的快速传输、共享和分析。

在便捷高效的传输网络支撑下，为适应不同业务的需求和保障网络的安全将企业生产网络区域划分为生产控制大区、管理信息大区和互联网大区，不仅提高了生产效率，更为电网企业的数字化转型夯实了基础。

2.2.1　信息网络

（1）网络设备有哪些？

网络设备是用来将各类服务器、计算机、应用终端等节点相互连接，构成信息通信网络的专用硬件设备，包括信息网络设备、通信网络设备、网络安全设备等。常见网络设备有：交换机、路由器、防火墙、网桥、集线器、网关、**虚拟专用网络**（见拓展知识 33）VPN 服务器、网络接口卡（NIC）、无线接入点（WAP）、调制解调器、5G 基站、光端机、光纤收发器、光缆等。

（2）信息网络带宽的需求通常是如何确定的？

信息网络带宽的需求确定主要涉及以下内容：

1）分析生产流程中涉及的各类设备和应用。不同的设备如自动化生产线、监控摄像头、数据采集终端等，它们的数据传输量和频率各不相同。

2）考虑同时运行的设备和应用数量。如果有大量设备同时进行数据传输，那么对带宽的要求就会相应提高。

3）评估数据类型和传输要求。一些关键数据可能对实时性和连续性要求很高，如实时控制指令，这就需要足够的带宽来保障快速传输。

4）还要考虑未来的扩展性。应预留一定的带宽增长空间，以应对可能增加的新设备、新应用或业务扩展。

（3）信息网络带宽是如何调整的？

通过网络设备配置，利用路由器或交换机的管理界面，根据实际需求可对带宽分配进行调整，可以为不同的生产区域、设备或应用设置不同的带宽优先级和限制。

1）借助软件工具：使用专门的网络管理软件，这些软件能够更精细地控制带宽分配和调整。

2）与网络服务提供商合作：联系网络服务提供商协商能否根据生产计划临时调整带宽。有些服务提供商可能提供弹性带宽服务，允许按需增加或减少带宽。

3）采用动态带宽分配技术：部署支持动态带宽分配的网络系统，该系统可以根据实时的网络流量和需求自动调整带宽分配，以达到最优的资源利用。

4）建立带宽监控和预警机制：实时监测网络带宽的使用情况，当达到一定阈值时自动触发调整机制。同时，提前设定好不同情况下的应对策略。

（4）如何保障信息网络的稳定性？

一个稳定可靠的网络，是信息流畅通无阻的基础，是各种应用和服务能够高效运行的前提。保障信息网络稳定性的主要措施如图 2-3 所示。

1）冗余设计：使用冗余的网络设备，如多个路由器、交换机等，当其中一个设备出现故障时，其他设备可以接替工作。

2）负载均衡：将网络流量均匀分配到多个服务器或网络路径上，避免单个节点负载过高导致不稳定。

3）网络监控：通过监控工具实时监测网络性能参数，如带宽、延迟、丢包率等，以便及时发现问题并采取措施。

4）定期维护和更新：包括软件更新、硬件检查和维护等，以保持设备的良好状态。

5）优化网络拓扑结构：合理设计网络布局，减少网络拥塞和延迟。

6）无线信号增强：在无线网络中，使用信号增强器、优化天线位置等方法来改善信号质量。

图 2-3 保障信息网络稳定性的主要措施

2.2.2 管理信息大区

（1）管理信息大区存储技术包含哪些内容？

存储技术是管理信息大区稳定运行的基石之一。先进的存储技术不断涌现，从大规模数据的集中存储到分布式存储架构的构建，从高效的数据备份与恢复机制到智能化的存储管理策略。管理信息大区存储技术通常包含以下内容：

1）磁盘阵列（RAID）：通过将多个磁盘组合起来提高存储性能和可靠性。

2）分布式存储：可以实现大规模数据的分布式存储和管理，具有良好的扩展性。

3）存储区域网络（SAN）：提供高速、可靠的数据传输和存储访问。

4）网络附加存储（NAS）：方便共享文件和数据。

5）数据备份与恢复：确保数据的安全性和可恢复性，如磁带备份、磁盘备份等。

6）重复数据删除技术：减少存储空间的占用。

7）数据分层存储：根据数据的使用频率和重要性将其放置在不同性能的存储介质上。

8）存储虚拟化：对存储资源进行抽象和整合，提高资源利用率和管理效率。

（2）管理信息大区涉及的资源有哪些？

管理信息大区涉及多种资源，主要资源如图 2-4 所示。

1）数据资源：如电力系统运行数据、用户用电数据、设备状态数据等各类业务相关数据。

2）计算资源：包括服务器、计算机等用于数据处理和计算的硬件设施。

3）存储资源：用于存储大量数据的磁盘阵列、存储服务器等。

4）网络资源：包括网络设备、通信链路等，保障信息的传输和交换。

5）应用系统资源：如各种业务管理系统、监控系统、分析决策系统等。

6）人力资源：参与管理信息大区相关工作的各类专业人员。

图2-4　管理信息大区涉及的资源

（3）管理信息大区涉及的业务系统有哪些？

管理信息大区犹如电力领域的智慧核心，承载着众多至关重要的业务系统。涉及的业务系统主要有以下几个方面：

1）企业资源管理系统（ERP）：用于企业资源管理和运营流程优化。

2）营销业务应用系统：包含客户管理、电费计算、业务受理等营销相关功能。

3）人力资源管理系统：处理人员信息、招聘、培训、绩效评估等人力资源事务。

4）物资管理系统：对物资的采购、库存、调配等进行管理。

5）财务管理系统：包括账务处理、预算管理、资金管理等。

6）协同办公系统：支持办公流程自动化、文档管理等协作功能。

7）生产管理系统：涉及生产计划、设备管理、运行监控等生产领域的业务。

（4）管理信息大区网络安全技术主要应用的场景有哪些？

管理信息大区网络安全技术在很多的场景中都有所应用，发挥着极其重要的作用，主要的应用场景如图 2-5 所示。

1）企业资源管理系统：保护企业的业务数据和运营流程安全，防止数据泄露和系统遭受攻击。

2）办公自动化系统：保证办公网络的安全，使员工能够安全地进行文档处理、邮件通信等操作。

3）营销管理系统：守护客户信息安全，防止营销数据被窃取或破坏。

图 2-5 管理信息大区网络安全技术主要应用场景

（5）管理信息大区的优势有哪些？

管理信息大区构建了一个强大而稳定的信息网络体系，确保了各类数据的安全、高效传输与共享。为电力系统的可靠运行提供了坚实的保障。主要体现在以下几个方面：

1）数据安全性高：通过严格的安全防护措施，保障电力企业关键信息和数据的安全，防止外部攻击和非法访问。

2）业务支撑有力：为各类管理业务系统提供稳定可靠的运行环境，确保诸如生产管理、营销管理、财务管理等业务的高效开展。

3）资源集中管理：便于对计算、存储等资源进行统一规划、分配和管理，提高资源利用效率。

4）规范管理流程：有助于建立标准化的业务流程和管理规范，提升企业整体管理水平。

5）促进信息共享：在安全的前提下实现企业内部不同部门、不同系统之间的信息共享和协同工作，提高工作效率和决策科学性。

6）提升应急响应能力：能够快速响应各类突发事件和故障，及时采取措施保障电网稳定运行。

2.2.3　互联网大区

（1）互联网大区主要包含哪些数字化技术？

互联网大区利用数字技术，实现对新能源发电的全息感知和准确预测，大力提高系统灵活调节能力，支撑高比例新能源并网和合理利用，推动电网数字化能源结构优化。主要有以下几个方面：

1）大数据：通过有效地收集、存储和分析大规模的数据。

2）云计算：通过互联网，用户可以根据需求获取计算能力、存储和应用服务。

3）物联网：通过传感器和网络，实现设备、车辆等智能化互联互通。

4）移动互联网：让用户可以在通过身份认证后通过移动设备访问公司提供的数据信息。

5）人工智能：使机器能够自主地进行学习和判断，应用于客服回答、巡检监控等领域。

6）区块链：通过将数据以不可篡改的方式连接起来，确保了数据的透明性和可信性。

（2）互联网大区涉及的资源有哪些？

互联网大区涉及的资源包括服务器、存储设备、网络设备等硬件资源，以及算力加速卡、GPU 服务器等算力资源。此外，还包括图像识别、语义理解等人工智能服务所需的模型和数据。

随着人工智能技术在各专业的深化应用、资源的整合和优化，为互联网大区的各项业务提供了有力的支持，推动了数字化基础设施建设，确保了人工智能相关业务的连续性和高效性。

（3）互联网大区涉及的业务系统有哪些？

互联网大区涉及的业务系统包括但不限于以下几种：

1）**能源互联网营销服务系统（营销 2.0）**（见知识拓展 57）：依托数字化、智能化技术推动供电服务模式转型升级，从用电客户视角精准分析构建更贴近用户最新需求的服务场景，提升用户用电便捷性。

2）新一代电力交易平台：新一代电力交易平台作为基于"国网云"平台建设的数字化技术支持系统，支撑绿色电力交易、电子合同、现货服务、日清月结、信息披露等业务全流程在线运作。

3）外网门户网站：外网门户网站提供了电网企业的相关信息，包括电网企业介绍、新闻动态、业务领域、科技创新、服务指南等内容。

这些业务系统在互联网大区内运行，为电力生产、营销等业务提供支持和保障。

（4）互联网大区网络安全技术主要的应用场景有哪些？

互联网大区网络安全技术的应用场景主要涉及与外网进行数据交互时的安全防护，以下是一些常见的应用场景：

1）数据交换：当外网系统需要向电力内网发送数据时，互联网大区作为中间区域，可以对数据进行过滤、审查和转换，确保进入内网的数据符合安全策略和规定。

2）安全隔离：防止外网的潜在威胁直接渗透到内网，通过只允许互联网大区主动请求内网、限制连接方式和数据内容交互等措施，降低内网受到攻击的风险。

3）数据审计：互联网大区的网络安全设备通常带有数据边路审计功能，可以记录和审查数据交换的过程，以便发现潜在的安全问题或异常活动。

4）应用服务：外网的一些特定应用服务需要与内网进行交互，如部分电力相关的在线服务、数据查询等，在保证安全的前提下实现内外网的应用协同。

（5）互联网大区云计算技术的主要作用是什么？

云计算技术的应用可以实现对电网运行状态的实时监测和控制，及时发现并处理故障，提高电网的可靠性和稳定性。云计算技术还可以实现对电网数据的高效存储和管理，为智能电网的数据分析和决策提供支持。主要作用有以下几个方面：

1）弹性和可扩展性：能够根据业务需求快速、灵活地调整计算资源。

2）数据存储和管理：提供安全、可靠的大规模数据存储能力，并方便数据的管理、备份和恢复。

3）快速部署和创新：加速新应用和服务的上线速度，使企业能够更敏捷地进行业务创新。

4）资源共享和高效利用：实现计算资源在不同用户和应用之间的共享，提高资源的整体利用率。

5）数据分析和处理：支持大规模数据的分析和处理，为企业提供决策支持。

（6）互联网大区分布式计算技术主要用途是什么？

互联网大区分布式计算技术是一种将计算任务分布在多个计算节点上，通过网络进行协同计算的技术。它具有高效、可靠、灵活等优点，能够有效地解决大规模计算问题，提高计算效率和资源利用率。主要用途如图2-6所示。

1）大数据处理：分布式计算技术可以将大规模数据分布在多个节点上进行处理，提高数据处理的效率和速度。

2）负载均衡：分布式计算技术可以将请求分配到多个节点上，实现负载均衡，提高系统的可靠性和稳定性。

3）分布式存储：分布式计算技术可以将数据存储在多个节点上，并进行备份。当某个节点出现故障时，可以自动选择备份节点，确保数据的安全性和可靠性。

4）云计算：云计算是基于分布式计算技术的一种应用，它通过在网络中多个节点提供计算服务，实现计算资源的共享和灵活的计算服务。

图 2-6 互联网大区分布式计算技术主要用途

第三节 云平台

云平台作为电网企业电网数字化转型的底座，用于提供算力、存储、网络、数据库、中间件、容灾备份等能力的服务平台，实现网络，硬件设备和基础软件等 IT 基础设施的一体化管理，为电网企业业务应用系统提供弹性、可靠的云资源服务，赋能电网企业电网生产、客户服务、经营管理等业务创新发展。

（1）云平台涉及哪些业务系统？

云平台是电网企业数字化底座，业务上云是数字化转型的重要举措。云平台不仅部署了智能一体化支撑平台、**统一权限平台**（见知识拓展 23）等智能化运维平台，云上部署业务系统上云数量也在快速增长，目前云上的业务系统主要有：

1）能源互联网营销服务系统：实现能源数据的精准采集和实时分析，具备高效便捷的在线交易功能，提升用户使用体验。

2）**设备（资产）运维精益管理系统（PMS3.0）**（见知识拓展 51）：以**电网资源业务中台**（见知识拓展 13）为核心，汇聚物联感知数据，支撑现场作业、业务管控、分析决策、生态共享等业务开展。

3）网上国网：电网企业线上服务入口，集"住宅、电动车、店铺、企事业、新能源"五大使用场景，通过应用数字化为民生办电、用电全方位提高效率。

（2）业务上云的优势有哪些？

业务上云是指将企业的各类业务系统、应用程序、数据等迁移到云平台上。业务上云的优势主要体现在以下几个方面。

1）高可用性：云服务有强大的技术保障和备份机制，即使部分服务器出现故障，系统也能自动切换到其他正常的服务器，保障业务不中断。

2）数据安全：具备专业的安全防护措施和数据备份策略，采用多重加密技术来保护用户数据。

3）快速部署：对比传统新业务系统上线模式，业务上云可以缩短系统上部署时间。

4）资源共享和高效利用：根据业务应用的实际需求，选择计算、存储、网络等资源，通过在线或弹性扩缩容的方式解决过去某一资源成为业务系统运行瓶颈的问题。

5）故障自愈：在业务应用实例出现故障不可用时，通过自动重新分配容器或虚机、迁移虚机等方式，在最短的时间内重新启动一个业务应用实例，保障业务应用整体的不间断运行，提高应用的可靠性。

6）便捷的管理和监控：通过云平台提供的资源、数据、应用三个层面多租户管理，实现由物理隔离转变为租户逻辑隔离，在保证租户间的资源、数据、应用不出现相互干扰的基础上实现充分的共享复用，以及使用实时监控功能，方便企业及时发现和解决问题。

（3）云平台处理大规模数据处理和高并发业务的优势有哪些？

云平台在应对大规模数据处理和高并发业务时，通常表现出较为出色的稳定性和性能，具有以下一些特点和优势：

1）稳定性方面：具备强大的容错机制，能够自动处理硬件故障、网络中断等意外情况，确保系统持续运行；经过严格的测试和优化，以适应各种复杂的业务场景和工作负载，减少系统崩溃和故障的可能性；有完善的备份和恢复策略，保障数据的安全性和可恢复性。

2）性能表现方面：采用先进的分布式架构，能够高效地分配计算资源和处理任务，提高整体处理效率；具备良好的缓存机制和数据管理策略，加速数据的读取和存储；可以根据业务需求进行弹性扩展，快速适应高并发流量的冲击。

（4）如何优化云平台部署架构？

优化云平台部署架构，扩大平台覆盖范围，构建全局资源统一协调能力，实现电网企业云平台资源全域调配。实现网上国网、电力交易、i国网等重要系统资源弹性伸缩，采用同城双机房、两地三机房、灾备等多种模式，完善平台高可用服务能力，保障核心业务高可靠运行。推动云数据备份体系推广实施，确保数据在云上冗余存储的基础上，实现云下数据备份的业务系统覆盖率达标。

第四节　物联管理平台

物联管理平台作为智慧物联体系的底座，感知层是物联网技术的最基础层，感知层通过智能终端对各用能系统及设备进行全面感知，建立人与物之间的沟通桥梁，以便更好地满足实际应用的需求。本节从物联管理平台能力及感知层的相关的特点进行阐述，帮助企业各部门加深理解物联管理平台的工作机制。推进电网企业数字化转型的智能化升级。

2.4.1　平台能力

（1）物联管理平台在智慧物联体系中的定位是什么？

物联管理平台是智慧物联体系的基础支撑平台，对上通过标准化接口向企业中台、业务应用系统等提供服务；对下以标准物联网协议或电力专用物联网协议，与边缘物联代理、业务终端等进行交互，实现各类终端的统一接入和管理。物联管理平台定位为各专业系统共用的前置系统，不对专业相关的业务及数据进行处理，支持终端远程管理及设备管理类数据的处理。

（2）物联管理平台如何实现持续迭代？

智慧物联体系建设过程中，在过渡阶段，物联管理平台需要综合考虑存量终端、增量终端的接入需求以及存量系统、增量系统的对接需求。物联管理平台采用组件化设计，针对具体需求开发相关功能组件，随着业务的发展，持续进行功能组件的更新和迭代，快速满足业务应用需求。

2.4.2　感知层

（1）感知层的结构组成是什么？

感知层通常由以下几个部分组成：

1）传感器：用于采集各种物理量、化学量等信息，将被测量的信息转换为电信号。

2）执行器：根据指令执行相应动作。

3）RFID ❶ 标签和阅读器：采用射频识别技术用于物体的识别和数据交换。

4）条码和扫码设备：用于对条码进行读取和识别。

5）智能终端设备：与感知层其他设备交互，并进行数据处理和传输。

(2) 感知层传感器技术的主要特点是什么？

感知层传感器技术是物联网系统中的关键技术之一。传感器在感知层中起着至关重要的作用，它能够将各种物理量，如温度、湿度、压力、光线强度、位移等，转换为电信号或其他可测量的信号。其主要特点如图 2-7 所示。

1）高精度：能够精确地测量各种物理量并提供准确的数据。

2）高灵敏度：对微小的变化或刺激能够迅速作出响应。

3）稳定性好：在不同的环境条件下能保持稳定的性能。

4）实时性强：可以实时获取和传输数据，以便及时进行处理和分析。

5）小型化：体积越来越小，便于集成到各种设备中。

6）多功能集成：一个传感器可能同时具备多种测量功能，提高了应用的便利性。

7）智能化：具备一定的数据处理和自我诊断能力，提高系统的智能化水平。

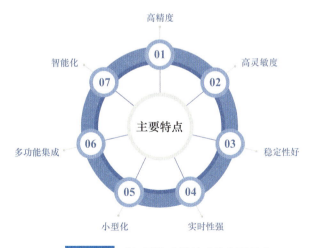

图 2-7 感知层传感器技术的主要特点

---

❶ RFID（Radio Frequency Identification），即射频识别技术。它是一种自动识别技术，通过无线射频读写记录媒体（电子标签或射频卡）和进行数据通信，从而达到自动识别目标和交换数据的目的。

(3) 如何实现感知层和物联平台的融合？

感知层和平台的融合能更好地提升数据准确性和实时性，使电网状态监测更精确，能及时发现和应对潜在问题，实现融合关键在以下几方面。

1）数据标准化：确保感知层收集的数据格式和规范统一，以便平台能够准确理解和处理。

2）中间件集成：开发中间件来衔接感知层和平台，进行数据的转换、过滤、聚合等操作，使数据更好地适应平台的需求。

3）接口适配：根据感知层设备的多样性设计灵活的接口适配机制，让不同类型的感知设备能够无缝接入平台。

4）数据融合算法：在平台上运用适当的数据融合算法，对来自不同感知源的数据进行融合和分析，以获取更全面、准确的信息。

5）安全保障：确保融合过程中的数据安全和设备安全，防止数据泄露和恶意攻击。

6）持续优化：不断监测和评估融合效果，根据实际情况进行优化和改进，以提高融合的效率和性能。

(4) 感知层如何助力新型电力基础设施建设？

感知层在助力新型电力基础设施建设方面发挥着至关重要的作用，如同新型电力基础设施建设的"基石"，为实现电力系统的智能化、高效化和可靠运行提供了关键的支撑。

感知层通过各类先进的传感器和监测设备，能够实时获取电力系统中的各种数据。并且感知层能够实现对电力设备的精细化管理，借助于先进的感知技术，可以对设备的寿命周期进行全面监测和评估，提前规划设备的维护和更新，从而提高设备的可靠性和稳定性。

感知层在促进新能源的接入和消纳方面也具有重要意义。对于分布式光伏发电、风力发电等新能源，感知层可以实时监测其输出功率、电能质量等参数，为电网的调度和控制提供准确依据，保障新能源的稳定接入和高效利用。

第三章　企业中台

本章全面阐述了企业中台的三大组成部分：数据中台、业务中台和技术中台，解释了它们的定义、相互关系（见图3-1），并说明了数字化统一平台技术架构要求，目的是让读者深入理解企业中台的内涵、运作机制及其在推动企业数字化转型和创新发展中的关键作用。

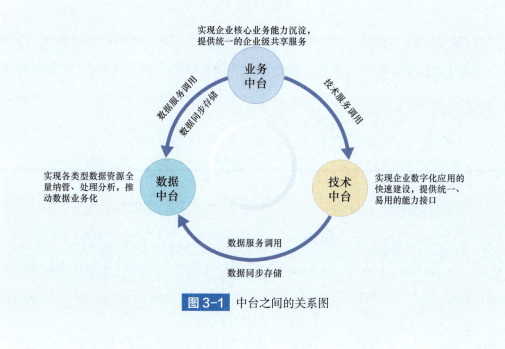

图 3-1　中台之间的关系图

第一节　数据中台

数据中台（见知识拓展8）主要用于电网企业各专业核心业务数据的汇聚。主要定位是为各专业、各单位提供数据共享和分析应用服务，沉淀共性数据服务能力，满足横向跨专业间、纵向不同层级间数据共享、分析挖掘和融通需求。根据数据中台的整体架构，数据中台技术能力主要包括数据接入、存储计算、数据分析、数据服务、**数据资产管理**（见知识拓展 36）、数据运营管理等六方面。

（1）数据中台包含的组件和能力有哪些？

电网企业数据中台采用阿里云数据中台专有云产品进行部署，共涵盖了数据总线（DataHub）、一站式大数据开发管理平台（DataWorks）、数据复制（DTS）、大数据计算服务（MaxCompute）、分布式关系型数据库（DRDS）、分布式列式数据库（OTS）、时序数据库（TSDB）、流计算引擎（Blink）、智能分析工具（QuickBI）、数据资源平台（DataQ）等 10 余种组件。组件与能力映射如图 3-2 所示。

分类	组件名称	英文名称	类似功能组件	功能描述
数据接入	数据总线	DataHub	Kafka	提供对流式数据的发布，订阅和分发功能，可以轻松构建基于流式数据的分析和应用
	数据复制	DTS	OGG	支持 RDBMS、NoSQL、OLAP 等数据源间的数据交互，集数据迁移 / 订阅 / 同步于一体
	数据集成	DataWorks DI	DataX	提供稳定高效、弹性伸缩的数据同步平台，支持对结构化、非结构化等数据的同步，支持脚本定制高级同步功能
数据计算存储	分析型数据库	ADB	MySQL	支持数据的实时写入和同步更新、实时计算和实时查询
	大数据计算服务	MaxCompute	Hive	支持大规模计算存储，支持多种计算模型，支持数据安全
	分布式关系型数据库服务	DRDS	MySQL	采用分层架构，DRDS 层面处理分布式逻辑，得到一个具有稳定可靠、高度扩展性的分布式关系型数据库系统
	分布式列式数据库	OTS	HBase	通过数据分片和负载均衡技术，实现数据规模与访问并发上的无缝扩展，提供海量结构化数据的存储和实时访问
	时序数据库	TSDB	OpenTSDB	提供时序数据高效读写，压缩存储，实时计算能力为一体的数据库服务，实现对设备及业务服务的实时监控告警
	流计算引擎	Blink	Flink	实时计算在 PB 级别的数据集上可以支持亚秒级别的处理延时，提供 SQL 语义的流式数据分析能力 (Blink SQL)，可与用户已使用的大数据组件无缝对接
数据分析	智能分析工具	QuickBI	Tableau、FineBI	轻量级自助 BI 工具服务平台，可以对数据进行即时的分析与查询；通过电子表格或仪表板功能，以拖拽的方式进行数据的可视化呈现
数据资产/运营/服务	数据开发管理平台	DataWorks	无	提供数据集成、开发、治理、服务、质量和安全等数据全生命周期的管理能力
	数据资源平台	DataQ	无	提供一站式数据资源管理服务，方便完成数据架构、数据标准、数据质量、标签画像、数据建模、数据生命周期管理等多项数据管理应用

图 3-2 组件与能力映射

（2）数据中台汇聚了哪些数据？

数据中台使用离线接入或实时接入的方式，自 2019 年开始建设至今已累计接入多套核心业务系统的**结构化数据**（见知识拓展 9）或**非结构化数据**（见知识拓展 11）。其中包含 95598、**电子商务平台（ECP）**（见知识拓展 66）、企业资源管理系统（ERP）等一级部署系统，营销 2.0 系统、电网资源业务中台、**新一代用电信息采集系统（采集 2.0）**（见知识拓展 58）等多套二级部署系统。在支撑应用场景数据使用需求的同时还支撑了数据底座、**能源大数据中心**（见知识拓展 47）、量测中心等多个重点工作的建设。

（3）数据中台如何分层以及各层作用是什么？

数据中台数据计算存储主要分为 3 层，分别是贴源层（ODS）、共享层以及分析层（ADS）。贴源层作用主要是作为数据仓库的原始数据层，用于存储原始的业务数据；共享层包括明细层（DWD）和汇总层（DWS），主要作用是对原始数据进行清洗、转换和集成，构建适合分析的明细数据以及基于明细层的数据进行轻度汇总，构建适合快速查询的汇总数据；分析层的主要作用是为特定的应用场景定制化数据，提供支持业务决策的数据。

（4）数据中台支撑了哪些应用？

数据中台是数字化转型的核心基础设施，它支撑着电网企业在财务、营销、发展和设备等多个专业和单位的广泛应用场景。覆盖电网企业财务、营销、设备部、调度、交易中心、审计部、物资部、数字化职能管理部门、营销服务中心、电科院、智能配电网中心等合业务部门、直属单位和地市电网企业。

支撑的应用场景中，包含实时数据应用支撑和离线数据应用支撑，应用场景情况如图 3-3 所示。实时数据应用支撑，如：一体化电量与线损管理系统、智能供电服务指挥平台、设备自动巡检等。离线数据应用支撑，如：财务资产地图、**网上电网系统**（见知识拓展 49）、数字化审计及一些赋能基层的应用场景等。

图 3-3 数据中台支撑应用场景情况

（5）数据中台实时场景的支撑方式是什么？

实时分析场景在离线数据仓库的基础上，通过电子文件（E文件）、实时计算组件（Blink）程序接口等方式实时接入源端业务系统数据，然后利用流计算组件，可以对实时数据进行分组聚合计算，也可以结合列式数据库进行流批联合计算，并按条件筛选或计算分析后结果数据写入 RDS、ADB、TSDB、OTS 等在线数据库，最大限度地提高数据接入计算的时效性，满足数据实时分析场景的需求，适合于实时监测、风控、应急指挥等对数据时效性较高的场景。实时场景支撑方式如图 3-4 所示。

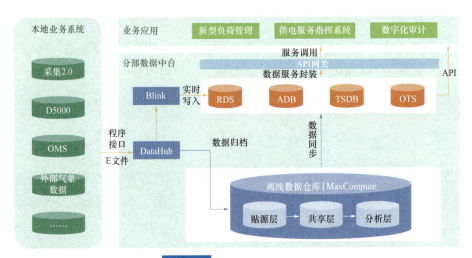

图 3-4 实时场景支撑方式

（6）数据中台离线分析场景的支撑方式是什么？

离线分析场景包括数据接入、模型整合、数据整合（宽表）逻辑处理或分析模型运算、服务封装发布等环节，主要依托于分布式数据仓库 MaxCompute 来构建实现，满足应用 T+1 数据分析需求。

离线分析场景支撑方式如图 3-5 所示。其中数据接入是通过数据集成（DataWorks DI）、数据总线（DataHub）组件完成源端业务系统数据全量表和增量表的接入，并定时完成全量表与增量表的合并；模型整合环节是通过数据开发管理平台（DataWorks）中利用 ODPS SQL 完成贴源层数据表到共享层基于模型的数据表和标准表转化；分析计算环节基于数据开发管理平台组件在大数据计算服务（MaxCompute）中完成业务分析计算后形成结果表，并将结果表同步至关系型数据库（RDS）、分析型数据库（ADB）等组件；数据封装环节针将分析层的计算结果封装为数据服务，供业务应用场景进行调用。

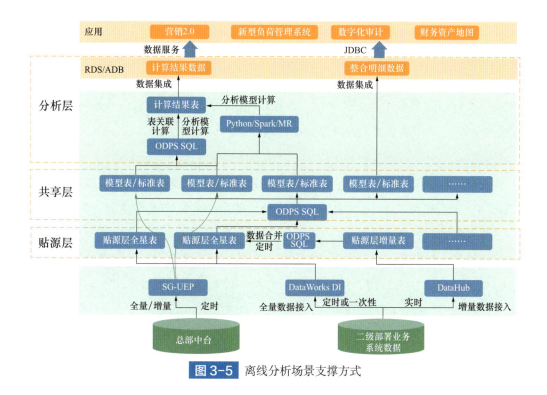

图 3-5 离线分析场景支撑方式

（7）什么是数据服务？

数据服务（DataService），是指为用户提供数据相关的各种服务和支持的一种业务模式。数据服务是通过封装相关数据接口（API）来帮助用户解决问题和满足需求的。

阿里数据中台通过 DataWorks 模块作为数据服务构建平台封装相关 API 接口，为数据库和数据应用之间搭建了"桥梁"。DataWorks 数据服务旨在为各应用场景提供全面的数据服务和共享能力，可以新建数据服务或者将已有的 API 注册至数据服务平台进行统一发布和管理。

（8）如何查询数据中台的数据资产？

用户可通过数据运营服务平台的数据目录功能，查询实时、动态更新的**数据资产**（见知识拓展 35）目录。

首先，进入数据目录下的中台数据目录页面，可通过专业、关键字、数据责任部门、是否负面等条件，搜索想查询的中台数据表。

查看数据表的详细信息，可从列表中点击数据表名称，进入详情页面，查看中台数据的基本信息、数据项信息及血缘链路关系，非游客身份的用户可将中台数据表加入购物车后，发起共享申请操作。

（9）如何申请数据中台的数据？

用户通过访问数据运营服务平台，数据目录下的中台数据目录，查询到想要申请的数据资产后，可申请提交对内共享数据需求申请。

提交方式有三种：加入购物车提交、加入收藏提交、一键式提交。

提交申请时，需要先选择需求类型、提供方式。提供方式，分为表授权、BI工具。特别说明：当授权方式为BI工具时，系统会校验申请的数据是否为数据集，如果不是，系统将提示不可申请。

选择好需求类型后，在对内数据共享需求申请页面，系统会自动记录申请部门/单位、申请人等基本信息，用户需填写应用名称、需求简称、授权账号、数据有效期、需求事由等信息，提交申请即可进入申请工单审批流程。

数据需求申请人提出数据表申请，由数据管理部门相关人员进行评估，申请部门相关领导或负责人对数据需求申请单进行审批，如果申请数据不涉及负面清单，具备自动授权条件，在申请部门审批结束后进行自动授权。授权方式为表授权，授权至中台；授权方式为BI工具，授权至BI工具。

（10）如何实现一站式在线数据分析？

一站式在线数据分析指的是通过数据运营服务平台一站式完成对所需融合数据模型或**共性数据集**（见知识拓展46）的数据申请，并使用BI工具完成分析场景或报表的制作过程。

用户可通过数据运营服务平台首页中的便捷工具模块的快速入门了解融合数据模型/共性数据集+BI分析工具用法，通过数据集索引目录快速找到可申请的数据集，同时可通过工具入口快速进入BI分析工具。

快速入门：用户可通过视频及文档的形式了解便捷用数整个流程。观看视频可查看便捷工具搭建基层数据场景的示范过程，下载全过程指南可查看从数据集、申请、使用全过程。

数据集目录：数据集按业务域进行分类。用户可按照业务域名查找需要的数据集，并发起数据申请，获取数据集至分析工具。

工具入口：提供了帆软BI（FineBI）、帆软报表（FineReport）入口。在FineBI可查看已申请的数据集，并将数据集制作基层数据场景，分析图表等。在FineReport可查看目录列表下挂接的基层数据场景。

第二节　业务中台

　　电网企业坚持架构中台化技术路线，围绕电网生产、客户服务、经营管理、综合办公着力构建企业全局共享平台，包括**电网资源业务中台**（见知识拓展 13）、**项目管理业务中台**（见知识拓展 15）、**企业级气象数据服务中心**（见知识拓展 18）、**客户服务业务中台**（见知识拓展 14）和**财务管理业务中台**（见知识拓展 16）。此外，电网资源业务中台同时涵盖了**"电网一张图"平台**（见知识拓展 19）、**企业级量测中心**（见知识拓展 17）。通过中台架构实现共建共享、统筹管理，促进碎片资源高效汇聚和共性能力持续积累，避免共性能力重复建设，支撑前端应用快速灵活构建。

（1）业务中台主要包含哪些数字化技术？

　　业务中台（见知识拓展 12）使用的数字化技术主要有微服务架构技术、数据中台技术、云平台和人工智能技术等。其中，在微服务架构技术方面，主要用于中台服务的灵活部署和快速迭代，促进企业中台之间协同合作。在数据中台技术方面，主要用于集中处理和分析企业运营中的各类数据，提供数据共享、数据治理、数据分析和数据应用等服务，以支持企业的数据驱动决策。在云平台技术方面，主要通过搭建企业级云平台，提供虚拟机、容器、微服务等多种应用上云模式，构建可靠、高效、全面的运营体系，支撑电力物联网各类应用上云。在人工智能方面，通过运用人工智能和大数据技术优化和改造数据中台，提升数据处理和分析的效率，支持更精准的业务决策和智能化应用。

（2）电网资源业务中台支撑哪些业务？

　　电网资源业务中台提供统一能力输出，面向决策、基建、营销、调度等专业提供数据共享及维护服务，支撑数字电网共建共享，主要支撑业务（见图 3-6）有：

图 3-6 电网资源业务中台支撑业务

PMS3.0 图上作业、配电网数字化管控微应用群、营销 2.0 业扩供电方案智能编制、分布式光伏预测、车网互动、安全风险管控、新一代应急指挥、输电全景智慧监控、高压电缆精益管理、变电数字化全景监控中心等，持续推进供电服务指挥、配电自动化等专业系统的微服务化演进。

(3)"电网一张图"平台支撑哪些业务？

基于"电网一张图"平台，实现用图作业、用图指挥、用图管控、用图服务，支撑网上电网、配网微应用群、营销 2.0、新型负荷管理体系承载平台、新一代应急指挥系统、安监风险管控、新一代电力交易系统等业务场景和业务系统建设（见图 3-7）。

图 3-7 "电网一张图"平台支撑业务

(4) 企业级量测中心支撑哪些业务？

企业级量测中心通过提升采集数据接入和处理时效，主要支撑县域分布式光伏负荷曲线、煤改电台区负荷曲线、专变用户负荷曲线实时计算和监控、分布式光伏智慧运维等业务场景建设。同时，协同推进新一代应急指挥系统、PMS3.0 等业务应用建设（见图 3-8）。

图 3-8 企业级量测中心支撑业务

（5）企业级气象数据服务中心支撑哪些业务？

企业级气象数据服务中心与"电网一张图"平台联动应用，支撑应急指挥场景、新能源功率预测、输电灾害预警、强降雨对变电站的影响预测及配网气象因素故障预警5大业务场景服务（见图3-9），将气象数据应用到电网生产运营中，实现气象数据赋能业务发展。

图3-9 企业级气象数据服务中心支撑业务

（6）客户服务业务中台支撑哪些业务？

客户服务业务中台面向的用户群体广泛，涵盖电网企业、产业单位、营业厅、政府、第三方等不同层面，主要支撑业务如图3-10所示。

1）电网企业层面：支撑网上国网App、营销2.0、绿色国网、网上国网微信公众号、95598网站、95598电话、省自建微信公众号、省自建支付宝生活号等业务。

2）产业单位层面：支撑电e宝、国网商城、车联网、光伏云网等业务。

3）营业厅层面：支撑移动作业、营业厅网上国网PC版、自助终端等业务。

4）政府层面：支撑冀时办、幸福廊坊、幸福张家口、闽政通、皖事通等政务App/网站。

5）第三方层面：支撑第三方合作伙伴、开发者社区等外部渠道。

电网企业层面

支撑网上国网App、营销2.0、绿色国网、网上国网微信公众号、95598网站、95598电话、省自建微信公众号、省自建支付宝生活号等业务。

产业单位层面

支撑电e宝、国网商城、车联网、光伏云网等业务。

营业厅层面

支撑移动作业、营业厅网上国网PC版、自助终端等业务。

政府层面

支撑冀时办、幸福廊坊、幸福张家口、闽政通、皖事通等政务App/网站。

第三方层面

支撑第三方合作伙伴、开发者社区等外部渠道。

图 3-10 客户服务业务中台主要支撑业务

(7) 项目管理业务中台支撑哪些业务？

项目管理业务中台主要支撑以下业务建设：全口径项目模型统一与资源汇聚，实现项目资源的高效调配；提供"一体四翼"业务差异化服务，促进业务协同；支持项目执行全过程管控，确保项目顺利进行；通过数据分析为决策提供支持，推动项目管理的标准化与规范化（见图 3-11）。

全口径项目模型统一与资源汇聚 → 实现项目资源的高效调配

提供"一体四翼"业务差异化服务 → 促进业务协同

支持项目执行全过程管控 → 确保项目顺利进行

通过数据分析为决策提供支持 → 推动项目管理的标准化与规范化

图 3-11 项目管理业务中台支撑业务

(8) 财务管理业务中台支撑哪些业务？

财务管理业务中台依托中台财务数字化构建能力，主要支撑营销管理、供应链管理客户服务、预算管理、核算管理、移动报账、移动商旅等业务场景建设（见图3-12）。

图 3-12 财务管理业务中台支撑业务

第三节 技术中台

技术中台（见知识拓展 20）主要包括**人工智能平台**（见知识拓展 21）、**电力北斗平台**（见知识拓展 25）、**区块链平台**（见知识拓展 26）、**i 国网平台**（见知识拓展 24）、**统一视频平台**（见知识拓展 22）等，形成企业级技术共享能力，赋能业务提效和基层创新创效。

3.3.1 人工智能平台

（1）人工智能平台通用组件的能力主要有哪些？

1）智能图像处理组件。

功能： 提供图像识别、定位和处理的能力，结合计算机视觉技术实现对图像的深度处理。

技术特点： 结合计算机视觉技术，通过模板匹配技术识别并定位目标元素，进而实现对图像的深度处理。

应用场景： 处理大量的纸质文档，捕获各类应用程序界面的非标准元素，如 WPS、Chrome、ERP 等。

2）智能文本识别组件。

功能： 将图像中的文字转换成可编辑、可搜索的文本格式。

技术特点： 基于光学字符识别（OCR）技术，实现对扫描件、影印文件等数据的快速录入。

应用场景： 在医疗、金融、物流等行业，将纸质文档快速转化为电子数据，提高数据处理的效率。

3）语义分析组件。

功能： 理解、解释和推断文本或语音的深层含义，通过深度学习技术提取语义信息。

技术特点： 通过深度学习技术，训练模型对文本进行深层分析，提取出语义信息。

应用场景： 在智能客服、智能问答等系统中，实现对用户意图的准确理解，提供个性化的服务。

4）模型管理与服务组件。

功能： 管理、部署和维护 AI 模型，提供模型服务接口，支持多种模型的存储、版本控制、部署和监控。

技术特点： 支持多种模型的存储、版本控制、部署和监控，确保模型的高效运行。

应用场景： 在智能制造、金融科技等领域，实现对复杂业务的自动化处理。

(2)"两库一平台"的功能有哪些?

"两库一平台"具备丰富的功能，涵盖样本库、模型库和人工智能平台（见图3-13）。样本库管理各类样本资源，支持数据接入、预处理、标注等服务；模型库存储并管理通用和专用模型，提供模型管理、服务及运行等功能；人工智能平台则作为模型推理和应用集成的核心，包含模型部署、服务管理、安全管控等多项功能。这些功能共同支撑起"两库一平台"的高效运作，实现与业务系统的集成交互。

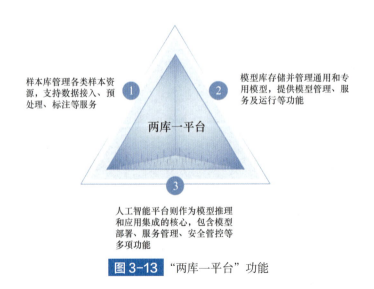

样本库管理各类样本资源，支持数据接入、预处理、标注等服务

模型库存储并管理通用和专用模型，提供模型管理、服务及运行等功能

人工智能平台则作为模型推理和应用集成的核心，包含模型部署、服务管理、安全管控等多项功能

图3-13 "两库一平台"功能

(3) 什么是样本标注?

样本标注是指对样本库中的数据进行人工或自动处理，以赋予其特定标签或属性的过程。它涵盖了数据接入、预处理、服务目录和样本管理等多项功能，是确保机器学习模型准确性和提高性能的重要环节。样本标注的目标是通过提供精确、全面的数据标签，帮助机器学习算法更好地识别和理解数据中的特征，从而优化模型的预测和决策能力。

(4) 样本标注的作用是什么?

样本标注在电网企业的"两库一平台"中扮演着至关重要的角色。它通过为样本数据添加精确、一致的标签，帮助机器学习算法，理解和识别数据中的关键特征。这些标签是模型训练的基础，决定了模型在预测和决策时的准确性和可靠性。因此，样本标注的作用在于为人工智能应用提供高质量的训练数据，进而提升模型性能，实现更精准、更智能的电力业务管理。

(5) 如何进行样本标注?

样本标注是确保机器学习模型性能的关键步骤。样本标注操作步骤如图 3-14 所示。首先，从样本库中选取待标注数据，进行预处理以提高数据质量。其次，利用标注工具或平台，根据业务需求为数据添加准确标签，如物体识别中的对象标签。标注过程可能涉及手动或自动方式，需确保标注的准确性和一致性。最后，将标注后的样本存储回样本库，以便用于模型训练和优化。这一过程有助于提升模型的准确性和泛化能力。

从样本库中选取待标注数据，进行预处理以提高数据质量

利用标注工具或平台，根据业务需求为数据添加准确标签，如物体识别中的对象标签

将标注后的样本存储回样本库，以便用于模型训练和优化

图 3-14 样本标注操作步骤

(6) 什么是样本质检?

样本质检是人工智能平台中的一个关键环节,它通过人工方式对样本的标记准确性和标签合理性进行评估。在质检过程中,专业人员会仔细核对样本的标记信息,确保其准确无误,并判断标签是否符合业务逻辑和样本特征。通过这一步骤,电网企业能够确保所使用的样本数据质量,进而提升人工智能模型的训练效果和准确性。样本质检是保障数据质量、提高模型性能的重要手段。

(7) 样本质检的目的是什么?

样本质检的目的是确保人工智能平台中使用的样本数据具备高质量,通过人工方式检查样本标记的准确性和标签的合理性。这一流程旨在筛选出符合规范的高质量样本,为模型训练提供可靠的数据支持,进而提升人工智能模型的准确性和性能。样本质检是保障数据质量、优化模型效果的关键环节。

(8) 什么是模型库?

模型库是一种存储、管理和共享模型资源的系统,它提供了一个集中的存储空间,用于纳管各专业模型,提供镜像管理和服务发布等能力。

(9) 模型库的功能有哪些?

模型库开放人脸识别、语音识别、文字识别、图像识别等多种 AI 能力,具有模型统一管理、版本控制、镜像管理、模型评测等多种功能,支撑各业务专业在平台上传与纳管模型,提供访问权限控制和调用统计等功能,确保用户服务正常使用(见图 3-15)。

图 3-15 模型库功能

3.3.2　电力北斗综合服务平台

（1）电力北斗的运行原理是什么？

卫星信号从卫星发出穿越大气层到用户终端设备，由于存在卫星时钟误差、卫星星历误差、电离层延时和对流层延时、多路径效应和电磁干扰，造成定位精度仅能达到 10 米左右。为了获得实时分米级、厘米级和事后毫米级的定位精度，就必须通过建设地基增强系统来消除或削弱各种误差来源。电力北斗系统就是一套电网企业自主建设研发的地基增强系统，通过在已知坐标点建设基地增强基准站来持续观测卫星，采集卫星原始观测数据，电力北斗综合服务平台通过原始观测数据来反算出卫星轨道（星历）、卫星钟差、电离层延迟、对流层延迟等误差，并发送给用户终端，用户终端利用这些差分修正数对自身观测卫星数据进行误差修正，并最终计算出自身的高精度位置数据。

（2）电力北斗的服务能力有哪些？

电力北斗服务包括：高精度定位服务包括实时分米级、厘米级和事后毫米级定位服务；精准授时服务和短报文通信服务；电力北斗综合服务平台可以对外提供 API 接口、SDK 工具包和数据服务。

（3）电力北斗应用场景有哪些？

实时分米级服务，基于伪距差分技术，为各类终端提供实时分米级的差分服务，满足人员定位、人员安全管控、车辆监管、重要物资轨迹情况监测等业务应用的需求。

实时厘米级服务，基于载波相位差分技术，为各类终端提供实时厘米级的差分服务，满足无人机巡检、机器人自主巡检、线路舞动监测、线路故障监测、反窃电装置监测、施工机械轨迹监测等业务应用的需求。

后处理毫米级高精度定位服务，基于后处理的高精度差分定位算法所开发，为用户提供毫米级的数据服务地质灾害监测、变电站沉降监测、杆塔倾斜监测等业务应用的需求。电力北斗应用场景如图 3-16 所示。

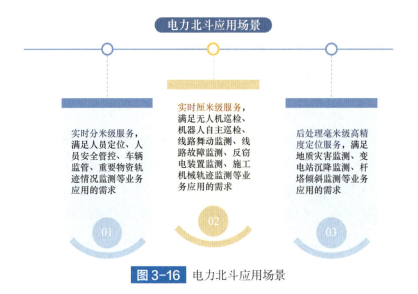

图 3-16 电力北斗应用场景

(4) 电力北斗综合服务平台具有哪些功能?

电力北斗综合服务平台作为电力北斗精准服务网的"神经中枢",有一套独立的解算引擎,可在信息管理大区、互联网大区、互联网为用户提供精准位置服务,同时实现电力北斗服务运营监测管理。

(5) 电力北斗如何受理用户在使用中出现的问题?

用户可以通过多种渠道向电力北斗服务提供方反馈问题,如电话、邮件等。用户需要详细描述问题,并提供相关的信息和截图,以便更好地理解和解决问题。电力北斗服务提供方将收到的用户问题将进行登记和分类。电力北斗服务提供方的工程师团队会根据用户提供的问题描述和相关信息,进行问题分析和诊断。一旦解决方案被提供,电力北斗服务提供方会追踪问题的解决情况,并与用户进行沟通和反馈。

(6) 电力北斗如何保证电网数据安全?

使用电力专用光纤内网进行数据传输,保证数据更稳定,更迅速。电力北斗综合服务平台部署在内网环境,保证电网数据更安全,更可靠。电力北斗综合服务平台与电网业务系统直接对接,更便捷。避免外部单位通过位置服务播发算法反向追溯人员、车辆、设备位置,尤其是变电站和杆塔等空间敏感信息。

（7）无人机采用电力北斗定位的优势是什么？

电力北斗综合服务平台依托电网企业变电站等资源建设，全面覆盖电网企业的电力设施，电力北斗定位技术基于综合服务平台为无人机可在信息管理大区进行服务支撑，确保无人机飞行数据的安全。此外，它还能针对电网企业巡检业务的特定需求提供定制化服务，强化服务能力，特别是解决了偏远地区无法被第三方服务覆盖的问题，更好地满足业务需求。

3.3.3 其他技术中台

（1）区块链中的"区块"和"链"分别指的是什么？

区块链技术中，"区块"是指包含一系列交易记录的数据结构，这些交易记录通过密码学方法（如哈希函数）被安全地封装在一起，并与前一个区块链接起来。每个区块通常包含一组交易信息、时间戳以及前一个区块的哈希值，确保了区块链的连续性和不可篡改性。而"链"则是指这些区块按照生成的时间顺序连接而成的链条，它代表了整个区块链网络中的全部交易历史。每个新区块的加入都需要网络中其他节点的验证，这一过程称为挖矿，通过共识机制确保了整个网络中的所有节点对链上数据的一致性认可。因此，区块链的"区块"和"链"共同构成了一个去中心化、安全可靠的分布式账本系统，为各类交易提供了坚实的信任基础。

（2）常见的基于区块链技术的应用有哪些？

区块链技术因其数据不可篡改性、去中心化、透明性和安全性，正在被广泛应用于多个领域，常见的区块链技术应用如图 3-17 所示。

1）数字货币：比特币等数字货币利用区块链技术，创建了去中心化的货币体系。

2）支付清算：简化跨境支付，降低交易成本，加速资金转移。

3）供应链管理：提高供应链透明度，追踪产品从生产到交付的全过程。

4）智能合约：自动执行合同条款，广泛应用于金融、保险、房地产等。

5）身份验证：提供安全、可靠的数字身份验证，用于金融服务和在线服务。

随着技术发展，区块链的应用范围预计将进一步扩大，推动社会数字化转型。

图 3-17 常见的区块链技术应用

(3) 区块链中的共识机制是什么？

区块链中的共识机制是一种确保分布式账本系统中各个节点间数据一致性和安全性的关键技术。它允许网络中的节点在没有中心化机构协调的情况下，通过特定的算法和规则达成对数据变更的共识。共识机制的类型包括工作量证明（PoW）、权益证明（PoS）、股份授权证明（DPoS）等。例如，PoW 通过算力竞争解决记账权，而 PoS 则基于持币数量和时长。这些机制确保了区块链的去中心化特性，提高了系统的安全性和抗篡改能力，是区块链技术的核心组成部分。

(4) 使用 i 国网平台会带来哪些便捷？

使用 i 国网平台带来的便捷如图 3-18 所示。移动办公：通过 i 国网平台，用户可以随时处理办公事务，实现移动化办公；即时通信与协作：i 国网平台提供即时通信功能，用户可以方便地进行单 / 群聊，发送文字、语音、图片等信息，加强了内部员工之间的沟通和协作；信息获取：i 国网平台及时发布电网企业要闻、热点资讯等资讯，用户可以获取相关信息，保持对电网企业动态和业务知识的了解；安全保障：i 国网平台注重用户信息和数据安全，采取多种安全防护措施，如安全接入、阅后即焚、屏幕水印等，确保用户信息的安全和隐私保护。

图 3-18 使用 i 国网平台带来的便捷

（5）工作中使用i国网平台会遇到哪些问题？

在i国网平台使用过程中，可能涉及以下问题：登录方面有时由于网络信号不佳或账号密码错误，会无法登录，建议检查网络连接并重置账号信息；应用权限问题会导致应用无权访问、功能无法使用；视频会议遇到创建会议或参加会议失败，尝试重新登录或检查i国网平台版本是否为最新版本，个人信息有误提交正确的账号、单位、人资编码等；通讯录涉及数据同步或搜索，出现通讯录中单位与现单位不一致或无权访问通讯录。使用i国网时，出现以上或有关于i国网平台问题，可通过客服反馈i国网平台运维组进行处理。

（6）与i国网平台集成需要做哪些工作？

与i国网平台集成涉及一系列工作，以确保顺利实现系统间的互联互通。与i国网平台集成需要了解以下技术：

1）i国网平台主要有三种集成方式，包括H5在线应用、H5离线应用、微信小程序。

2）接口开发：i国网平台接口包括单点登录和安全交互平台，单点登录实现一次登录多次认证。

3）安全备案：需提交移动应用App上线试运行申请单、移动应用备案表、移动应用业务受理单、移动应用安全情况梳理表、运维责任备案表、上线试运行验收申请单。

（7）统一视频平台支持哪些类型设备接入？

统一视频平台支持的设备类型如图3-19所示，主要包含固定摄像机、监拍装置、移动布控球、单兵设备、执法记录仪、手机、无人机、智能安全帽等。

图3-19 统一视频平台支持的设备类型

（8）统一视频平台如何保证视频传输的质量和稳定性？

开发对应的静态压缩算法与动态区域编码算法，利用帧前预测、帧间冗余去除、重点区域编码保障等技术，保障视频帧率、视频质量以及不影响二次分析的基础上，平均实现 3～5 倍的码率压缩。

利用边界提取、帧间信息预测、关键区域编码及智能分析算法，解决边界区域及背景区域码流占用大问题，预测动态变化范围并针对重点关注区域分配高码率，对背景及静态画面实现冗余帧信息去重；针对运动矢量较少的情况，在当前标准 H.264/H.265 编码及压缩算法之上进行优化，大幅压缩并形成压缩码流格式，降低编码码流，提升带宽使用率。

开发视频流接入、转码、算法调度及参数配置等模块，对前端回传的码流按照对应的算法进行解码恢复，并恢复原有视频流格式，保留视频流兼容性，同时支持多格式 FLV、TS 等多种视频流格式的视频播放，实现帧率、分辨率不变，且不影响二次特征提取和视频智能分析。

利用 SRT 网络侦测能力，增加弱网延时反馈机制，实现码流自适应调节。

（9）统一视频平台如何助力新型电力系统建设？

统一视频平台在助力新型电力系统建设方面发挥着重要作用。它能够通过集中整合来自电力系统各个环节的视频数据及信息，并实现高效共享，从而为新型电力系统的建设提供全面、实时的可视化支持。不仅如此，还能借助先进的技术进行智能分析，及时发现潜在问题，优化资源配置，提升系统的稳定性、可靠性和运行效率，有力推动新型电力系统的发展与完善。

第四章　业务赋能

本章聚焦电网生产、客户服务和企业经营三大方面，详尽阐述了电网数字技术在业务赋能应用建设情况。借由数字技术与业务赋能的协同共进，深度推进数字技术在电网企业各类业务环节的融合应用，全力打造更加智能、高效、绿色的电网，为电网企业带来业务模式的重塑和价值创造的崭新途径。

第一节　电网生产数字化

电网生产发展呈现数字化、智能化趋势。调度系统实现电力资源的高效调度与平衡，设备系统确保电网稳定运行，安监系统强化安全监管，预防事故风险。这些业务系统共同促进电网的可靠、高效生产。

电网生产数字化包括电网规划运行管理和设备管理与安全作业。电网规划运行管理数字化主要体现在"电力调度"支撑能力"主配网"推演能力、电网科学规划等方面，数字化管理使规划更科学、运行更高效。电网规划运行应用系统主要包括网上电网系统、**智能电网调度技术支持系统（D5000）**（见知识拓展 56），为电网企业精准决策和快速响应提供实时数据支持。电网规划运行管理不仅提高了电网管理的智能化水平，也增强了电网企业的竞争力和可持续发展能力。设备管理与安全作业主要体现在深化数字技术在设备智能管控、安全生产作业、供电服务指挥等各环节的融合应用，赋能设备管理与安全作业全面升级。

4.1.1　电网生产业务数字化

（1）电网生产业务数字化总体思路是什么？

通过深化数字技术在电网运行各环节的融合应用，推动电网生产管理全过程业务协同、优化电网生产作业模式，从而提升电力调度支撑能力、设备管控智能水平、生产作业智能水平、主配网推演能力、安全管控智能水平，实现设备广泛互联、状态深度感知，数字化赋能输变配各环节、立体化全覆盖，全面提升电网生产业务水平。

(2) 如何提升"电力调度"支撑能力？

加快新一代调度系统建设，完善调控云功能，推进地调云总线和应用环境建设，提升调度支撑能力。深入推进主配协同，优化建设省地县一体的调度控制模式，完善县域新型有源配电网调度功能。加强碳电市场协同优化调度，构建以绿色、低碳为导向的碳电市场协同出清优化模型，促进零碳清洁能源全消纳、低碳能源多发电。

(3) 如何提升设备管控智能水平？

推进设备智能化升级和管理全过程业务协同。构建电力电子设备数字孪生体，实现主辅设备全面监控、倒闸操作一键顺控、缺陷异常主动预警、故障处理智能决策。持续完善电网设备数据同源维护功能，实现营配调等专业设备维护流程贯通。

(4) 如何提升生产作业智能水平？

推动变电站和换流站智能运检、输电线路智能巡检、配电智能运维体系建设，开展输电全景、变电运维两个"替代"、配网数字化升级，重点建设无人机、摄像头、机器人等作业替代，结合人工智能、三维空间等数字技术，全面优化生产作业方式。打造智慧供电保障系统，优化**供电服务指挥系统**（见知识拓展53），结合云计算、大数据、AI、IoT技术，全面加强系统间的数据联动，将大规模、多样化的电力数据以三维模型的可视化形式进行展现，构建重点保电对象的"数字孪生体"，实现数据实时传输可视化、场景化以及交互的管理可视化，提升数据辅助决策的效率，推动保电工作从拼体力、拼时间的"人海战术"向拼科技、拼效率的"智慧保电"转变。

(5) 如何提升"主配网"推演能力助力新型电力系统建设？

为助力新型电力系统建设，提升"主配网"推演能力，电网企业基于数字电网，利用大数据和新型计算存储技术实现计算速度、精准度和查询速度的显著提升。通过补强配电网全方位感知能力，建设省级物联网云主站，打造配电台区运行结果主动上报，光伏储能一体化、直流充电桩等全场景应用。采用基于混合现实、数字孪生技术构建站端自动化设备虚实融合孪生体，开展站端自动化多元虚拟孪生体智能互动应用，实现多任务并行处理，加强精准规划与运行管理，提高电网对新能源波动性的适应和调节能力，确保电网运行的安全性和供电的可靠性，共同推动清洁低碳、安全高效的新型电力系统建设。

（6）如何提升风险管控智能水平？

加强人工智能在作业安全管控、现场质量管理等方面应用。推广应用数字化工作票，提升作业风险管控、安全监督效能。加强智能反违章技术、新型安全智能终端试点应用，提升作业现场违章查纠能力。依托企业级气象数据服务中心，提升各类灾害影响分析准确性和全景式应急指挥能力，深化**新一代应急指挥系统**（见知识拓展54）预警精准推送、灾损自动统计、指挥高效协同、停电快速恢复等能力建设。

（7）数字化配电网建设应用哪些数字化技术？

数字化配电网是指将数字技术和信息化手段应用于配电网的规划、建设、运营和维护中，旨在提升配电网的智能化水平和运行效率。具体措施包括使用先进的传感器、通信技术和数据分析工具，实现对配电网设备的实时监测和控制，优化电力资源分配，提高供电可靠性和稳定性。基于企业中台支撑能力，依托物联网、大数据、人工智能、三维数字孪生等新技术，深度融合一张图应用支撑能力，构建专业的电网可视化组件、分析应用组件、业务场景组件等，开展数据和业务应用的共建与共享，同时还利用5G技术的高速率、低延时和大连接特性，为电网实时监控、控制和调度提供支持，推动传统配电网业务转型。

（8）电网生产业务如何助力新型电力系统建设？

电网企业在新型电力系统建设中，电网生产业务发挥着关键作用，主要为：一是提升电力资源优化配置能力。电网企业通过新型电力系统建设，支撑非化石能源的高效开发和利用。二是配电网高质量发展。随着新型电力系统建设的推进，配电网正逐步转变为源网荷储融合互动的电力网络。三是电网企业规划配电网。优化网架结构，提高配电网的承载力和灵活性，以满足分布式电源就近消纳和新型负荷的承载需求。四是推动新型储能多元发展。分布式新能源根据自身运行需要合理配建新型储能，提升新能源的可靠替代能力，促进新能源消纳，并在电网关键节点和末端科学布局新型储能，提高电网的灵活调节能力和稳定运行水平。五是促进电力系统新业态健康发展。基于分布式新能源的接入方式和消纳特性，建设分布式智能电网，实现与大电网的融合发展。同时，虚拟电厂、负荷聚合商、车网互动等新业态的创新发展，提高系统响应速度和调节能力。六是推动能源电力行业新质生产力发展。电网企业通过新型电力系统建设，推动传统电网数字化绿色化转型升级，促进战略性新兴产业发展，如数字电网、储能产业集群、综合能源产业等。

4.1.2　电网生产业务应用系统

（1）网上电网系统的功能有哪些？

网上电网系统包括数据集成与共享、全景导航与在线诊断、智能规划设计、专题微应用、指标在线计算与报表自动生成、企业电力指数分析、多场景智能化工作台、智能接入方案规划等功能，通过这些功能，为电网企业提供了一个全息数据、全景导航、全程在线的智能可视化平台，助力电网企业数字化转型和智慧能源系统建设。

（2）网上电网系统的适用对象是谁？

网上电网系统主要服务规划与设计人员、运行与维护人员、项目管理人员、营销与客户服务人员、调度人员、数据分析与决策支持人员、物资管理人员、财务管理人员、信息技术人员、安全监管人员、防汛与应急响应人员、基层一线员工。系统通过服务不同岗位的员工，提升电网企业的运营效率和管理水平。

（3）e 基建 2.0 系统的功能有哪些？

e 基建 2.0 系统（见知识拓展 50）整体功能覆盖"1+6+1"8 个模块，其中"1"是项目全过程管理，"6"是计划、技术、技经、安全、质量、队伍 6 个专业，"1"是环保专业。依据 e 基建 2.0 系统标准化业务场景成果，形成项目前期、工程前期、工程建设、总结评价等 4 大功能模块，38 个一级应用，107 个二级应用，通过流程驱动、业务单轨、数据全贯通支撑七大专业管理要求及专项要求，实现业务数字化、管控数字化。

（4）e 基建 2.0 系统的适用对象是谁？

e 基建 2.0 系统的适用对象主要为：项目建设管理人员，负责电网建设项目的规划、执行和监控；施工管理人员，负责现场施工活动的组织和监督，通过系统接收施工计划和报告施工进度；安全监督人员，确保施工安全，使用系统进行安全风险的监控和预警；设备管理人员，负责电网建设项目中设备的选择、采购和维护，使用系统进行设备全生命周期管理；基层一线员工，直接参与电网建设的施工、安装和调试工作，通过系统接收工作指导和记录工作成果。

（5）设备（资产）运维精益管理系统（PMS3.0）的功能有哪些？

设备（资产）运维精益管理系统（PMS3.0）（见知识拓展51）的主要功能有：设备数字化管理，实现设备信息的全面数字化管理，包括状态监测、故障诊断等；作业在线化，支持作业过程全程在线管理，提高工作效率；管理智能化，基于大数据分析，实现管理决策的智能化；协同优化，促进各部门间的协同工作，优化资源配置。

（6）设备（资产）运维精益管理系统（PMS3.0）的适用对象是谁？

PMS3.0 的适用对象主要为：设备管理人员，覆盖调度、输电、变电等全过程生产管理业务，支持电网企业各级单位进行高效、智能的设备资产管理；一线管理人员，提供设备状态监测、故障诊断等功能，帮助设备管理人员实时掌握设备运行情况，优化运维策略；基层班组人员，通过数字化、智能化管理，提升基层班组的数字化、精益化、智能化管理水平，提高工作效率和安全性。

（7）设备（资产）运维精益管理系统（PMS3.0）两票管理有哪些特点？

PMS3.0 对工作票和操作票管理相较于 PMS2.0 进行了优化。在流程方面，通过数字化手段优化了两票的申请、审批、执行和归档流程，减少了纸质文档的使用；在移动作业方面，工作人员可以在现场直接操作两票流程，系统自动记录作业轨迹；在安全保障方面，有助于确保作业按照既定的安全规程执行，减少人为错误和事故风险。总之，PMS3.0 有助于对高风险作业进行重点关注和管理，实现对作业风险的精准控制，对两票执行过程中的隐患和缺陷进行智能比对判定，实现闭环管理，同时可以对两票数据进行分析，优化作业计划和人力资源配置。

（8）供电服务指挥系统功能有哪些？

供电服务指挥系统具备实时监控、故障检测与诊断、自动派单、资源调度、客户服务管理、服务监督与质量控制、业务流程管理、信息共享与协同工作、移动应用支持、预警、客户交互、可靠性管理、应急响应、知识库等功能，有利于提高供电服务的效率、质量和可靠性。

（9）智能电网调度技术支持系统（D5000）的功能有哪些？

智能电网调度技术支持系统（D5000）具备数据采集与处理，实时采集电网数据，进行准确处理；运行状态监测，实时监测电网电压、频率等状态，确保稳定运行；远程控制与管理，实现电网设备的远程操控和自动化管理，实现故障快速响应。

（10）智能电网调度技术支持系统（D5000）的适用对象是谁？

D5000 的适用对象主要为：电网调度人员，提供实时监控、预警和智能分析功能，支持科学决策；电网规划与设计人员，提供数据支持，辅助规划与设计工作；电网运行管理人员，实现远程控制和自动化管理，提高运行效率。

（11）新一代应急指挥系统的功能有哪些？

新一代应急指挥系统具备：实时感知与监测功能，通过集成电网、气象等数据，实现应急态势的实时感知与资源监测；预警分析与研判功能，支持精细化预警分析，为应急决策提供科学依据；协同与互动功能，实现应急指挥中心、专业部门、基层单位间的实时互动与资源有序调动；信息统计与反馈功能，支持灾损信息的实时统计与应急资源的实时反馈，确保应急响应的及时性。

（12）新一代应急指挥系统的适用对象是谁？

新一代应急指挥系统的适用对象主要为：应急管理人员，用于提高应对灾害及突发事件的能力，保障运营安全；一线管理人员，通过集成多源数据，提供实时态势感知和预警分析，辅助应急决策。

（13）安全风险管控监督平台的特点是什么？

安全风险管控监督平台（见知识拓展 55）的特点：提高安全管理效率，能够快速、准确地识别和分析各种安全风险；提供监测和预警机制，能够实时监测安全风险的变化情况，并及时预警，提醒用户及时采取措施，避免安全风险的发生；服务多人协同处理安全事件，向用户提供在线协作和任务分配的功能，便于多人协同在线办公。

（14）安全风险管控监督平台主要包含哪些功能？

安全风险管控监督平台具有作业管控管理、安全准入管理、监督检查管理、督查中心管理、工器具管理、人工智能管理、综合业务管理、危化品管理等功能，通过对电网建设、运行、维护等过程进行监督和管控，及时发现和处理安全隐患，保障电网的安全稳定运行。

第二节　客户服务数字化

客户服务相关的业务主要包括电力营销和电力交易两大方面，电力营销包含数字化运营体系、数字化供电所等，通过高效集成的系统功能提高供电服务质量，提升销售效率和客户用电满意度。电力交易基于市场化交易规则和海量数据，实现电力资源的优化配置和交易，促进电力市场的健康发展。

客户服务管理数字化通过整合营销数字化资源，服务客户放心用电、服务争创"两个标杆"、服务营销业务合规运营与质效提升。客户服务应用系统主要包括**能源互联网营销服务系统（营销 2.0）**（见知识拓展 57）、**新一代用电信息采集系统（采集 2.0）**（见知识拓展 58）及**电力交易平台**（见知识拓展 63），基于数字技术，通过各类应用系统实时监测和数据分析提供供电服务和电力交易服务，既可以精准定位即时满足客户需求，又有利于提高电网运行的安全性和稳定性。

4.2.1　客户服务业务数字化

（1）客户服务管理数字化总体思路是什么？

客户服务管理数字化总体思路是持续拓展营销辅助决策高级应用，强化网上国网运营推广，打造形成"4+1"营销数字化体系。统筹推进大数据分析应用能力、数字化供电所服务能力和信息安全保障能力"3 项能力"建设。

（2）营销"4+1"数字化运营体系是什么？

营销"4+1"数字化运营体系（见图 4-1）指"营销 2.0、采集 2.0、**新型负荷管理体系承载平台**（见知识拓展 59）、**营销高级辅助决策应用**（见知识拓展 60）"+"网上国网"。

营销2.0
以客户全物联为基础、共享企业中台为核心、灵活微应用为支撑，具有"客户聚合、互动智能、业务融通、数据共享、架构柔性、迭代敏捷"六大典型特征。

采集2.0
以全量用户数据采集为基础进行数据解析，采用分级分类数据采集策略，实现数据全生命周期安全管控和全链路安全监测。

新型负荷管理体系承载平台
构建用户负荷监控分析能力，形成现货交易、碳交易等增值服务流程，打造负荷管理多元应用新业态。

营销高级辅助决策应用
基于数据中台，构建跨专业综合性数据分析能力，建设两层（领导层、管理层）、四级（省、市、县、所）的数智营销运营沙盘，实现业务可视、状态感知、趋势可判、服务增值。

网上国网
以办电、交费、代理购电等为核心服务产品，是国家电网线上客户服务渠道。

图4-1 营销"4+1"数字化运营体系

(3) 营销业务系统的演进路线是什么？

营销2.0架构向新的技术目标突破，基于云原生架构、数字化技术、智能化应用，通过原子化业务单元、功能组件以编排、组装、配置方式，实现营销2.0业务功能全覆盖、模型稳定可扩展、系统灵活可编排、数据融通可共享，以追求营销服务在电网企业系统更高层面的业务规范化、服务标准化，更高效率的成功共享、能力复用，更高水平的业务创新和服务提升。

(4) 供电所数字化转型的主要目的是什么？

供电所数字化以支撑新型电力系统构建和电网企业高质量发展为目标，聚焦赋能、减负、创新、提效，突出因地制宜，充分考虑资源禀赋，打造可推广的数字化转型样板；突出实用实效，注重已有系统的深化应用和价值发挥，坚持统筹协同，提高生产一线作业便捷性和员工获得感；突出释放价值，提炼固化数字化建设典型经验，加强数字化核心能力共享，迭代推广数字化成果，持续释放数字化价值。

(5) 供电所数字化转型的主要方向有哪些？

供电所数字化转型主要方向：一是顶层设计，注重整体系统谋划。强化顶层设计，统筹共建共享策略，推动供电所数字化能力提升，有机融入数字化转型总体框架，凝聚各专业力量，打造数字化转型实践的试验田。二是业数融合，赋能基层提质增效。

推动算力、数力、智力直达基层，让数据和技术走到生产一线人员身边，促进数字化能力"零门槛"使用。深化核心业务系统应用，跨专业协同优化系统功能。三是夯实基础，创新成果联动推广。全面贯彻数字化理念，加强数字化人才队伍培养，持续提升数字基础保障能力。汇聚数字化转型成果，优化成果共享机制，拓展经验交流渠道，推动创新成果联动推广。

（6）电力交易平台的建设思路是什么？

电力交易平台数字化建设思路主要有以下几个方向：一是统一设计电力交易平台总体架构，构建面向服务的两级电力市场管理能力体系，支撑省间省内一体化运作。二是设计零售市场管理模型，支撑海量中小用户便捷、快速注册，提供灵活的零售合同及结算套餐管理方式，实现达成的交易意向与批发市场交易及零售市场管理业务衔接。三是业务功能积木式搭建，灵活支撑新业务、新模式快速构建。四是建立结算子系统、周期结算模型，采用高可用、高容错技术，支撑大规模数据下的高性能、高可靠结算。五是应用多种技术，实现软硬件资源的灵活调配及服务能力的动态扩展，支撑全国统一电力市场百万级用户接入、海量业务数据存储及处理能力。

（7）在电力交易平台进行绿电交易有什么优势？

在电力交易平台可以进行绿电绿证交易，企业参与绿电交易，有如下优势：

1）承担可再生能源电力消纳责任的企业，用于完成可再生能源配额制履约。

2）对碳排放的控排企业，在计算企业碳排放量时，可以降低企业用电间接碳排放。

3）更好地履行节能减排的社会责任，加快能源消费低碳化转型。

4）欧美等西方国家的贸易壁垒，部分出口产品甚至被征收"碳税"，国际市场对产品供应链的碳排放量有一定要求，购买绿电、绿证是减碳途径之一。

4.2.2　客户服务应用系统

（1）能源互联网营销服务系统（营销2.0）的功能有哪些？

营销2.0包含需求侧管理、市场管理、产品管理、销售管理、渠道管理、客户管理、服务体验、95598 客户服务、数据服务、数据资产、综合能源服务、智能用电服务、运营运维、电源并网管理、业扩接入、计费结算、综合管理、运行管理、资产管理、计量体系管理、物联管理、多表合一管理等业务类功能。能源互联网营销服务系统（营销 2.0）功能结构如图 4-2 所示。

图 4-2 能源互联网营销服务系统（营销 2.0）功能结构图

（2）能源互联网营销服务系统（营销 2.0）的适用对象是谁？

营销 2.0 主要面向计量人员、抄核人员、业扩人员、客户服务人员、账务人员、工单人员等基层业务人员。

（3）新一代用电信息采集系统（采集 2.0）的功能有哪些？

采集 2.0 功能包括基础采集、基本应用、拓展应用、系统支撑、用电异常、台区线损监测、时钟管理、费控管理、设备升级管理、异常检测、采集质量管理，采集及时率检测、采集任务管理、采集成功率检测、调控策略、批量数据查询、提交分析、数据召测、采集完整率检测、终端实时在线监测统计、终端在线明细查询、营销管网档案等，如图 4-3 所示。

图4-3 新一代用电信息采集系统（采集 2.0）主要功能

（4）新一代用电信息采集系统（采集 2.0）的适用对象是谁？

采集 2.0 主要面向计量运维班组成员、用电检查专责 / 员、客户服务中心 / 供电所服务人员、基层管理人员（如班组长、所长等）。

（5）供电所主要使用的业务系统有哪些？

供电所主要业务系统有 PMS3.0、采集 2.0、营销 2.0、i 国网、车辆管理、网上国网、安全风险管控监督平台、**党建信息化综合管理系统**（见知识拓展 70）、全员绩效管理平台等。

（6）电力交易平台的功能及适用对象是什么？

电力交易平台的主要功能为办理、参与电力交易（双边协商交易申报、集中竞价交易申报、挂牌交易申报）、查询结算依据、获取市场信息（查看信息披露、申请数据接口服务）等。

电力交易平台主要面向发电企业、电力用户（工商业用户）、售电公司、储能企业、虚拟电厂、负荷聚合商等主体。

（7）e-交易 App 的功能是什么？

e-交易 App 作为电力交易平台的移动端服务应用，主要包括电力用户注册、绿电交易、绿证交易、售电公司遴选、电力市场信息查询、政策规则查询等功能。其中绿电专区支持绿色电力交易，包括双边、挂牌和平台聚合集中竞价交易，绿电订单和合同管理等；绿证专区支持绿证交易，包括双边挂牌交易，客户可根据需要灵活申购；

信息披露专区涵盖电力市场信息，包括市场行情和政策规则，提供便捷的信息披露和查询渠道；零售商城结合各省零售市场特点，为零售用户提供网购式的零售交易服务，零售用户可在线对比、遴选售电公司及套餐，有效提升参与零售交易的便捷性和透明度，如图 4-4 所示。

图 4-4　e- 交易 App 功能

第三节　企业经营数字化

电网企业经营管理业务系统主要涵盖人资、财务、物资、后勤、审计等方面。深化数字技术在人力资源管理、财务精益管理、现代智慧供应链、数字化审计、智慧后勤服务保障等企业经营管理各环节的融合应用，实现数据驱动企业管理决策纵向贯通、横向协同、提质增效，实现"业务全面反映、管理精准诊断、经营智能决策"企业经营管理目标，实现经营管理水平全面提升。

4.3.1　企业经营业务数字化

（1）企业经营管理数字化总体思路是什么？

企业经营管理数字化总体思路（见图 4-5）具体为：持续深化对人资、财务、物资、审计、后勤等业务支撑能力，推动经营管理辅助决策高级应用建设，保障电网企

图 4-5　企业经营管理数字化总体思路

业经营管理高质量发展。

（2）企业经营数字化体系有哪些内容？

企业经营数字化体系主要包括人力资源管理信息系统、**智慧共享财务平台**（见知识拓展 64）、**"五 E 一中心"供应链平台**（见知识拓展 65）、**电子商务平台（ECP）**（见知识拓展 66）、企业资源管理（ERP）系统、**电力行业数字化审计平台**（见知识拓展 68）、**智慧后勤服务保障平台**（见知识拓展 69）等（见图 4-6）。

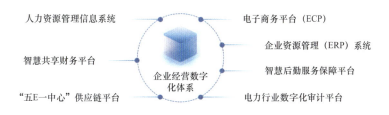

图 4-6 企业经营数字化体系

（3）如何开展数字化人力资源建设？

深入挖掘人力资源数据价值，加强人力资源**数据盘点**（见知识拓展 38）、分析和应用。定期开展人力资源信息系统数据核查，深化电子劳动合同应用和评价，规范合同签订全过程管理。

（4）如何拓展财务多维精益管理能力？

应用多维数据提升价值创造能力，提升全链路数据化、透明化程度，实现资金风险管理及全链路成本在线监控。打造、建设财务资产地图，完成多维精益管理在财务业务领域重点场景建设和推广应用，推动管理提升，充分释放多维数据要素价值，促进资源配置更精准、发展质效双提升。

（5）如何构建全域资产价值管理体系？

加强资产全过程管控，开展资产全要素分析，以资产典型场景为主线，将资产价值管理与工程转资、成本预算、精益核算等紧密衔接，构建分析场景，辅助经营决策。探索资产全价值评价，聚焦保值增值、依法合规、精益管理、服务监管，构建资产全价值评价指标，衡量投入产出，优化管理策略，促进保值增值。全域资产价值管理的构建如图 4-7 所示。

图4-7 全域资产价值管理体系的构建

(6) 如何打造数字化智慧供应链？

推动物资全环节全流程融合贯通，深化现代智慧供应链建设，提升供应链流程效率。通过大数据、人工智能技术应用，推动供应链运营中心建设，提升供应链水平。推进"五E一中心"供应链平台建设应用，深入开展供应链智慧运营，深化专业间协同，强化现代智慧供应链数字化支撑能力。

(7) 如何完善供应链数据应用能力？

加强物资业务纵向贯通、横向协同，扩大对财务、基建、营销以及外部电工装备生态圈数据资源的接入、关联分析和融合利用，建立全量物资数字化资源平台，实现供应链数据资源共享共用。常态化开展数据治理工作，建立健全数据质量管控体系，开展数据智能监测与分析评价，应用数据促进业务迭代提升。运用数据模型开展业务诊断、分析和预测，拓展"可视监控"、运营状况"智能分析"等运营指标，提升供应链数据运营水平。探索与电子商务、信用服务、供应链金融等现代服务业结合开展新业务，拓展数据应用场景，增强供应链价值创造能力。

(8) 如何构建智慧后勤服务保障体系？

持续优化智慧后勤服务保障平台业务管理、服务保障、运行监控和辅助决策等功能模块。充分汇聚整合多数据资源，形成后勤资源数据库，将数字技术广泛应用于后勤房产规划、资产运营、精准投资、成本管理、安全运行、服务保障等各方面。

(9) 如何加强数字化审计应用建设？

加强审计、纪检等监督类业务全过程闭环管理，做好纪审联动系统应用提升，实现线索移交、问题定性、问题审核等业务全线上作业；持续完善提升数字化审计平台建设，支撑构建审计模型；搭建审计知识树、智能论坛和全链路检测系统，有效提升审计质效。

4.3.2　经营管理应用系统

（1）人力资源管理信息系统的功能有哪些？

人力资源管理信息系统是一个全面集成的人力资源管理平台，系统包含规划与计划管理、组织与岗位管理、人才与综合管理、招聘管理、薪酬福利管理、员工关怀管理、绩效管理、自助服务、数据分析与报告、移动办公支持、权限管理等模块（见图4-8），不仅提高了人力资源管理的自动化和智能化水平，还为员工提供了更加便捷和个性化的服务。

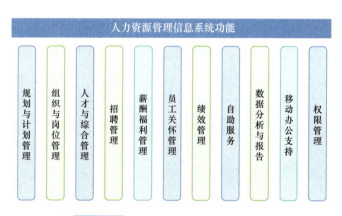

图4-8　人力资源管理信息系统功能

（2）人力资源管理信息系统的适用对象是谁？

人力资源管理信息系统适用对象为：人力资源部门，用于全面管理员工信息、薪酬、绩效等核心人力资源业务；各级管理人员，支持他们进行员工评估、决策支持等管理工作；电网企业员工，员工可以通过系统自助查询个人信息、薪资、绩效等，提升管理透明度。

（3）智慧共享财务平台的功能有哪些？

智慧共享财务平台主要功能包括智能报账、移动商旅、预算服务、发票服务等4项企业价值服务应用；营销业务应用、购电交易业务应用、人资业务应用、工程财务业务等 4 项业财协同融合应用；预算管理、会计管理、电子凭证中心、资金管理、发票管理、税务管理、资本运营、资产管理、产融协同、稽核风控、综合管理等 11 项财务专业管理应用。

(4) 智慧共享财务平台的适用对象是谁？

智慧共享财务平台的适用对象主要包括电力企业内部员工、财务部门、管理层以及相关的审计和监督部门，旨在为这些用户提供一个集约化、标准化、精益化、数字化的财务管理环境，以促进财务流程的高效运作和决策支持，同时为大型国企在数字化转型方面提供示范和引领作用。

(5)"五E一中心"供应链平台的功能有哪些？

"五E一中心"供应链平台功能如图 4-9 所示。电子商务平台（ECP）：实现采购全流程电子化，提升供应链协同效率；企业资源管理系统物资模块（ERP MM）：统筹管理企业资源，优化资源配置；电工装备智慧物联平台（EIP）：实时监控生产过程，确保设备供应质量；电力物流服务平台（ELP）：提供可视化物流服务，优化运输管理；掌上应用 e 物资：实现到货验收单、投运单、质保单等单据数据的在线办理；供应链运营中心（ESC）：通过数据分析，提升运营效率和风险管理水平。

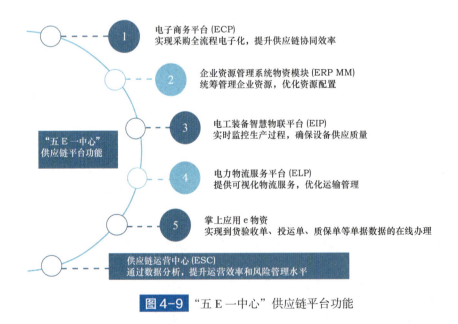

图4-9 "五E一中心"供应链平台功能

(6)"五E一中心"供应链平台的适用对象是谁？

"五E一中心"供应链平台外部适用于供应链上下游的各类企业，如供应商、物流服务商等，内部主要适用对象为采购管理、物资管理、生产协同、物流管理、移动办公、供应链运营、质量监督、供应商管理、风险管理、绿色发展等相关人员。平台通过数字化、智能化技术，服务于员工日常工作，提高供应链管理的效率和质量。

(7) 电子商务平台（ECP）的功能有哪些？

电子商务平台（ECP）是一个综合性的在线商务和服务平台，其主要功能包括全面计划管理、招标采购流程、中标结果公示、公共信息发布、物资供应管理、质量监督、供应商管理、采购标准及新技术推广、宣传培训、专区入口等（见图 4-10），这些功能共同构成了电子商务平台的服务体系，旨在提高电网企业的采购效率、降低成本、增强供应链管理能力，并促进业务流程的数字化转型。

图 4-10 电子商务平台（ECP）功能

(8) 电子商务平台（ECP）的适用对象是谁？

电子商务平台（ECP）主要对象分为外部对象和企业员工，外部对象主要是供应商、商户、客户、其他组织；内部对象为采购管理人员、供应链管理人员、合同管理人员、质量监督人员、供应商管理人员、财务人员、技术支持人员、培训和宣传人员、项目管理人员、普通员工。ECP平台通过提供全面的电子商务服务，旨在提高电网企业的采购效率、降低成本、增强供应链管理能力，并促进业务流程的数字化转型。

(9) 电力行业数字化审计平台数字化的功能有哪些？

电力行业数字化审计平台集成审计管理、作业及数据管理功能，支持全流程线上操作，共包含辅助决策（多角色工作台、项目分析、问题分析、追责分析、人才分析和数据资源 6 个二级功能）、智管理（综合管理、人才队伍、计划管理和平台功能提升 4 个二级功能）、慧监督（项目管理、迎审管理、整改管理、项目审理、投资审计、责任追究 6 个二级功能）、支撑保障（审计智库、数据资源库和审计模型库 3 个二级功能）共四方面 19 项二级功能。

（10）电力行业数字化审计平台适用对象是谁？

电力行业数字化审计平台主要面向审计管理人员、现场审计人员、数据分析人员、风险管理人员、内部控制人员、财务审计人员、信息系统审计人员、合规性审计人员、审计质量管理人员、培训和支持人员、跨部门协作人员等，促进内部控制和风险管理的加强。

（11）智慧后勤服务保障平台的功能有哪些？

智慧后勤服务保障平台的功能包括业务管理中心（后勤领域所有业务的全过程管理）、服务保障中心（后勤领域所有服务工作内容的全过程管理）、运行监控中心（对所有后勤设备、设施、资产类实物进行全寿命管理，即：购置、安装、使用周期、更换、报废和资产盘点。）、辅助决策中心（办公能耗、餐饮营养配比、医疗健康参数等数据）共四个部分（见图 4-11）。

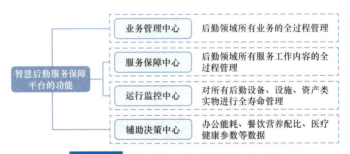

图 4-11 智慧后勤服务保障平台的功能

（12）智慧后勤服务保障平台适用对象有哪些？

智慧后勤服务保障平台主要面向后勤管理人员、设施维护人员、环境清洁与绿化人员、餐饮服务人员、交通服务人员、安全管理人员、医疗健康服务人员、物资管理人员、能源管理人员、客户服务人员、行政人员、系统支持人员，提高后勤服务的智能化、自动化水平。

第五章　网络安全

　　本章以网络安全管理体系为核心内容，体系涵盖五大方面：一是安全管理制度，确保政策明确、流程规范、制定红线要求，为网络空间安全筑牢基石。二是安全职责管理，明确各层级、各部门职责分工，形成协同防御机制。三是防护体系管理，构建多层次、全方位的防护网，有效抵御内外部威胁。四是运营机制管理，通过持续监控、应急响应与恢复演练，保障系统稳定运行。五是人员安全管理，通过网络安全风险及防范的介绍，提升全员安全意识与技能，减少人为失误风险。

第一节　网络安全管理

　　网络安全（见知识拓展 28）已成为电网企业稳定运营的关键。较为完善的网络安全管理体系需要通过戴明环（PDCA 循环）确保管理的持续性和有效性。该体系不仅涵盖了技术层面的防护，更涉及政策、流程和人员培训等多个方面，为信息安全提供了全方位保障。明确企业内部各部门的网络安全职责界面，确保各项措施得到有效执行。严格遵守网络安全管理的红线要求，严防各类网络安全风险。电网企业将继续深化网络安全管理，为电力行业的稳定发展和国家的经济安全保驾护航。

（1）什么是网络安全管理体系？

　　网络安全管理体系是一个综合性的安全框架，涵盖安全制度管理、安全职责管理、防护体系管理、运营机制管理及人员安全管理多个维度（见图 5-1）。安全制度通过规定管理红线，确保网络系统和数据的安全。安全职责管理明确总部与各部门、单位的安全职责界面，确保分工明确、合作紧密。防护体系构建多层次、动态防御策略，应对各类外部和内部威胁。运营机制建立监测体系、及时响应威胁，持续优化安全策略，保障网络环境稳定可靠。人员安全管理通过提升安全意识与防范能力，关注办公终端、外设等多方面，确保无死角防范风险。

图 5-1 网络安全管理体系

(2) 网络安全管理体系是如何运转的？

网络安全管理体系的运转基于一套 PDCA 循环，确保网络安全管理的持续性和有效性。PDCA 循环如图 5-2 所示。在计划（Plan）阶段，电网企业总部负责制定基于国家和行业标准的信息安全防护体系设计规划。进入执行（Do）阶段，电网企业各单位负责实施各项安全管理制度，包括信息系统及网络安全运维和应急处置措施。检查（Check）阶段，通过全覆盖的信息安全督查，检查各项安全管理要求的落实情况，并追踪安全态势。在改进（Act）阶段，电网企业数字化职能部门根据监督检查结果，调整安全策略和应急处置措施，循环提升网络安全管理水平。

图 5-2 PDCA 循环全面质量管理的工作步骤

(3) 电网企业内部网络安全职责界面是什么？

网络安全管理由电网企业总部统一领导，各部门明确分工。总部设立领导小组，负责制定战略和规划，总部数字化职能管理部门负责网络安全管理、技术研发和督查；总部调控中心负责电力监控系统安全防护；总部安监部负责监督评价；其他部门负责各自领域的信息系统安全。各单位建立相应领导小组，各单位数字化职能管理部门负责本单位网络安全管理，各单位调控中心负责电力监控系统网络安全。各部门、单位紧密合作，确保网络安全工作的有序开展。

(4) 电网企业网络安全管理制度的红线要求是什么？

电网企业网络安全管理的红线要求是确保网络、系统、数据的安全，防范网络安全事件。使用足够长、包含大小写字母、数字和特殊字符的随机组合的强密码并定期更换，不准使用弱口令；不准对已知漏洞置之不理，需及时修补已发布的系统漏洞；不准私自将系统托管于互联网或第三方云平台，需经过审批和备案方可在指定平台托管系统；不准私建未备案系统，需按照电网企业规定建设和管理信息系统；不准私自设置互联网出口，需通过电网企业统一互联网出口进行网络访问。

第二节 网络安全防护体系

网络安全防护体系是确保电网企业网络安全不可或缺的基石。电网企业的各类网络安全防护措施均紧密围绕此体系展开，旨在通过多层次、多手段的综合技术策略，有效抵御恶意软件攻击、数据泄露等安全威胁。这一体系不仅强调技术的先进性，更注重策略的针对性和实效性，确保网络系统和数据的安全性、完整性和可用性，为电网企业的稳健经营提供坚实的网络安全保障。本节将从概述和技术两个维度细致阐述电网企业所构建的网络安全防护体系，旨在为读者提供一个全面而深入的视角，以增进对网络安全防护的理解与认知。

5.2.1 网络安全防护体系概述

(1) 什么是网络安全防护体系？

网络安全防护体系是指一系列用于保护系统、数据、信息资源和服务免受各种威胁和攻击的技术、策略和实践的综合系统，通过多层次、动态防御的方法来应对外部和内部的安全风险。通常包括网络边界安全、本体安全、数据安全等方面，强调多层防御和深度防御策略，即在不同层次和阶段设置安全控制措施，即使某一层面被突破，也能在后续层面上阻止或减轻攻击的影响。

网络安全防护从广义上来讲包括边界安全和本体安全两个方面。边界安全是指在网络系统和外部网络之间建立的安全防御措施，以保护内部网络免受外部恶意攻击和未经授权的访问。确保网络内外的信息流动符合授权规则，减少潜在威胁和风险。本体安全是指在网络和计算机系统中，确保与本体（通常指信息、数据、资源或系统等）相关的安全性保护措施。这些实体是个人用户、设备、应用程序、数据库、网络服务等。本体安全的保护措施可能包括但不限于加密、访问控制、数据备份和恢复等。

数据安全是指通过采取必要措施，确保数据在存储、处理、传输和使用过程中受到保护，不受到未经授权的访问、泄露、破坏、篡改或非法使用等威胁。

（2）网络安全防护体系有什么作用？

防护体系在网络安全中主要作用包括但不限于以下几点：

1）保护数据完整性和保密性，网络安全防护体系能够确保网络中的数据在传输和存储过程中不被非法访问、篡改或泄露。

2）预防网络攻击和入侵，网络安全防护体系能够及时发现和阻止各种网络攻击和入侵行为，如分布式拒绝服务（DDoS）攻击、网络钓鱼、恶意软件等。

3）保障网络系统的可用性，网络安全防护体系能够确保网络系统的稳定运行，避免因安全问题导致的系统崩溃或服务中断。

4）应对新型安全威胁和挑战，随着网络技术的不断发展，网络安全防护体系需要不断更新和完善，以适应新的安全威胁和挑战。

（3）网络安全防护体系的设计原则是什么？

电网企业网络安全防护体系按照"安全分区、网络专用、横向隔离、纵向认证"的原则设计。电网企业各单位应当按照"谁主管谁负责，谁运营谁负责"的原则，建立健全网络安全防护管理制度，坚持"同步规划、同步建设、同步使用"的理念；重点强化边界防护，同时加强内部的物理、网络、主机、应用和数据安全；完善网络安全监督管理体制机制，强化网络安全防护体系。

（4）网络安全防护体系的设计架构是什么？

网络安全防护体系按照生产控制大区、管理信息大区、互联网大区的网络分区结构设计。生产控制大区专注于电力监控系统的数据采集与控制功能，包括调度自动化系统、变电站自动化系统等典型系统，担负确保电网调度和控制顺利进行的重要职责；管理信息大区用于承载信息内网业务，支撑电网企业内部多维精益、网上电网等新增业务，常见系统如日常使用的内网邮箱、协同办公等；互联网大区用于承载信息外网业务（外网网站、外网邮件、电力交易、电子商务等）和综合能源服务、车联网、光伏云网等互联网新兴业务。

5.2.2 边界安全与本体安全

（1）边界安全设备及其作用是什么？

边界安全设备包括但不限于防火墙、**入侵检测**（见知识拓展34）系统、**入侵防御**（见知识拓展34）系统、防病毒系统、身份验证和访问控制系统、上网行为管理设备、逻辑隔离、正向隔离、反向隔离等。边界安全设备应用场景如图5-3所示。边界安全设备是保护网络免受外部威胁和内部风险的关键组成部分。它们通过实施访问控制、威胁防御、数据加密、内容过滤、监控和日志记录等技术，确保网络的安全性和合规性。

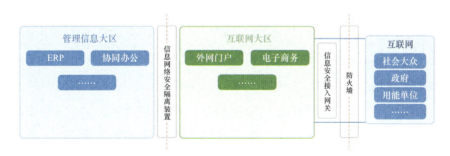

图5-3 边界安全设备应用场景

（2）资产本体安全的技术防护有哪些红线要求？

资产本体安全的技术防护包括基础防护、系统安全、网络安全和应急响应与灾备等4个方面。

1）基础防护方面，可从身份鉴别、访问控制、恶意病毒防范、资源控制、漏洞管理与服务器加固等方面进行安全设计和控制，为用户信息系统运行提供一个安全的环境。

2）系统安全方面，不越权访问，严守密码安全，定期进行安全审计，进行实时威胁检测，严禁违规操作。

3）网络安全方面，首先要做好端口管控，在防火墙上严格限制对外开放的端口。应部署应用防火墙、网页防篡改、漏洞检测系统等防范来自外部的网络攻击。

4）应急响应与灾备方面，要求预案完备、快速响应，同时要求灾备设施完备，确保业务连续性。

（3）统一密码基础设施的意义和功能分别是什么？

意义： 统一密码基础设施是本体安全的重要组成部分，确保了数据在传输、存储和处理过程中的机密性、完整性和可认证性。能够为电网生产、财务管理、物资管理、客户服务等各业务领域提供强有力的密码服务支持，促进密码与电力业务应用深度融合发展，发挥密码保障电网企业网络安全的重要作用，降低安全风险，提升网络安全防护能力。

功能： 能够提供全面的密码服务支持，包括数据加密、身份认证、密钥管理等，为电网生产、经营、管理等各业务领域提供强有力的安全保障。

（4）新型电力系统网络安全架构及作用是什么？

随着新型电力系统建设深入，电力系统形态和运行控制机理发生深刻变化，源网荷储深度互动，参与主体更多样、边端分布更广泛、交互方式更丰富，使得防护空间大幅延展、网络暴露面大幅增加，给电力系统网络安全带来新挑战。新型电力系统网络安全防护架构是边界防护与本体安全策略的深度融合，主要包含感知层、认证层、防护层。感知层结合资产空间测绘、威胁捕获技术，实施全域实时扫描探测，自动识别并绘制网络地图、资产地图、风险地图。认证层通过多层校核认证链，包括集中管理、加密认证等机制，实现对自然人、资源、账号的集中管理。防护层则是从物理、网络、应用、主机和数据等方面提供安全可信保证。通过构建多层次的安全防护体系，实现对电力系统的全面、智能、高效的安全保护，确保电力系统的稳定运行和数据安全。

5.2.3　数据安全

（1）数据安全的意义是什么？

数据，是指任何以电子或其他方式对信息的记录。当前，数据作为新型生产要素，正深刻影响着个人、企业甚至国家的发展。数据安全的意义（见图5-4），就是保护数据的机密性、完整性和可用性，促进信息交流和共享。

1）保障数据的保密性：数据安全可以保护用户和企业的敏感信息不被盗取或泄露，从而保证信息的保密性。

2）保障数据的完整性：数据安全可以防止数据被篡改或损坏，从而保证数据的完整性。

3）保障数据的可用性：数据安全可以防止因黑客攻击、病毒感染等原因造成的数据无法正常使用，从而保证数据的可用性。

4）促进信息交流和共享：数据安全可以鼓励用户、企业和国家之间的信息交流和共享，保证数据共享安全合规，促进数据流转，从而促进社会的发展和进步。

图5-4 数据安全的意义

（2）数据安全与边界安全、本体安全的关系是什么？

数据安全、边界安全和本体安全在信息安全领域中各自扮演着重要的角色，它们之间既有关联也有区别。数据安全主要侧重于数据全生命周期的安全和合规性，保护数据免受未经授权的访问、使用、修改、泄露等风险，涉及个人数据、企业数据、政府数据等各类数据资产。边界安全主要关注网络边界的防护，即确保网络边界的完整性和可控性，防止外部威胁通过边界进入内部网络。本体安全主要关注终端或系统本身的安全性，涉及硬件安全、操作系统安全、数据库安全等多个层面。三者都致力于保护信息系统的安全稳定运行和数据资产的可控，在实际应用中，需要根据具体的安全需求和场景来选择合适的安全措施和技术手段。

（3）数据安全的管理要求有哪些？

依据"谁主管谁负责，谁使用谁负责"的原则，数据责任部门应按照**数据分类分级**（见知识拓展40）要求，明确本专业的数据目录和数据共享负面清单，并要严格按照数据级别进行适度防护。

电网企业相关信息系统或产品具有采集、存储、加工个人信息的功能或服务时，应遵循"三同步"原则，在规划、设计、开发、测试、发布等阶段落实个人信息保护要求，保证个人信息安全防护与系统同步规划、同步建设、同步使用。

（4）数据安全的技术防护措施有哪些？

电网企业为加强数据安全管理，积极构建并优化数据安全监测预警体系。通过整合总部存储的数据中台日志，实现对各省级电网企业数据中台数据的全面安全监测；开发数据中台安全监测预警工具，设定详尽的数据安全监测指标，并设计风险告警规则，以实现对敏感数据的安全监测和风险的及时预警；电网企业还统一推广数据防泄露系统，并将其部署在关键网络边界，以实现数据流转的实时监控、安全告警的即时触发、风险源的精确追溯以及对敏感词的严格管理。

（5）如何实现数据安全保护与业务的深度融合？

通过以下5个方面实现：

1）建立完善的数据安全管理体系：电网企业应制定完善的数据安全管理制度，明确数据分类、分级和权限管理，确保不同类型、级别的数据只能被授权的人员访问。同时，应建立数据备份和恢复机制，确保数据的安全性和可靠性。

2）加强数据加密和隐私保护：对于敏感数据，应采用加密技术进行保护，防止数据被非法获取和篡改。同时，应加强隐私保护，确保个人数据不被滥用和泄露。

3）建立数据安全审计机制：电网企业应定期进行数据安全审计，检查数据的安全性、完整性和可用性，及时发现和解决潜在的安全隐患。

4）推动数据深度融合应用：电网企业应积极探索数据的深度融合应用，挖掘数据的价值，提高决策水平和竞争力。同时，应加强数据治理，规范数据处理流程，确保数据的准确性和可靠性。

5）建立数据安全培训机制：电网企业应定期开展数据安全培训，提高员工的数据安全意识和技能水平，确保员工能够正确、安全地处理数据。

加强数据安全管理，推动数据深度融合应用需要从多个方面入手，应建立健全的数据安全管理体系，加强数据加密和隐私保护，建立数据安全审计机制，推动数据深度融合应用，并建立数据安全培训机制。

第三节　网络安全运营机制

网络安全运营机制是组织保障网络资产安全的重要体系。本节主要介绍了常态下和重要保障期两种不同时期的网络安全运营机制和网络安全运营的步骤，详细阐述了网络安全运营机制在实战中是如何运用、联动的，通过制定明确的安全策略、建立高效的安全事件监测和分析体系、及时响应安全威胁以及持续优化安全策略和防护措施，确保组织的网络环境始终处于稳定、可靠和安全的状态。

（1）网络安全运营机制有哪些？

网络安全运营机制主要分为常态网络安全运营防护机制和重要保障期网络安全运营机制。网络安全运营机制如图5-5所示。常态网络安全运营机制的对象主要分为信息系统和电力监控系统两部分。信息系统网络安全运营坚持"分区、分级、分域"总体防护策略，执行信息系统安全等级保护制度（目前执行的是等保2.0）。电力监控系统网络安全运营实行"安全分区、网络专用、横向隔离、纵向认证"的安全防护机制。重要保障期，按照电网企业"全网一盘棋"的要求，建立"国家 – 电网企业总部 – 省级电网企业"三级联动的网络运营机制，加强联防联控，落实网络安全保障工作，确保不发生网络安全事件。

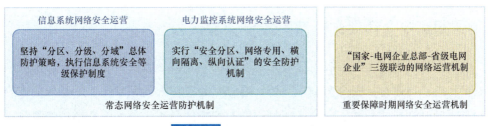

图5-5 网络安全运营机制

(2) 网络安全运营一般步骤是什么？

网络安全运营主要遵循以下步骤：

1）策略制定：明确安全策略，包括最小权限原则、多层次防御等，确保安全防护的全面性和有效性。

2）持续监测：通过实时监测网络活动和安全事件，及时发现潜在威胁，为快速响应提供基础。

3）风险评估：对已知的安全威胁进行定期评估，确保安全策略与当前威胁环境相匹配。

4）应急响应：建立快速响应机制，对安全事件进行及时隔离和恢复，减少损失。

5）培训与教育：加强人员安全意识培训，提高整体防护水平。

(3)"国家 – 电网企业总部 – 省级电网企业" 三级是如何联动的？

国家级制定总体战略和政策，监督电网企业执行情况；电网企业总部负责具体管理和操作规范制定，实施网络安全监测，协调资源共享；省级电网企业则在总部指导下，结合本地实际执行网络安全和电力服务措施，确保电力供应的稳定性和安全性。这种三级联动实现了从国家到地方的协同作战，有利于资源配置，提高应急响应效率，确保电力行业的稳定运行。

(4) 省级电网企业在网络安全运营中应承担的职责是什么？

主要包含五项职责。一是执行安全策略职责，贯彻国家和电网企业制定的网络安全政策和策略。二是实时监测与响应职责，利用安全监测工具实时监测网络活动，快速响应并处置安全事件。三是漏洞管理职责，定期进行系统漏洞扫描，并及时修补，防止潜在攻击。四是员工培训职责，提供网络安全教育和培训，提高员工的安全意识和操作技能。五是数据备份与恢复职责，制定数据备份策略，确保在数据丢失或损坏时能迅速恢复。

(5) 网络安全实战化运营一般步骤是什么？

网络安全实战化运营的组织应首先明确目标，即提升电网网络的安全防护和应对能力。其次，构建包括安全监测、预警、响应和处置在内的完整体系，确保对安全威胁的及时发现和快速响应。再次，通过定期组织攻防演练、加强安全培训等措施，提升团队的安全意识和实战能力。最后，强化跨部门协作和信息共享，确保电网网络安全的整体性和协调，最终有效提高电网网络安全实战化运营的效率和效果。

第四节　网络安全风险防范指引

网络安全和数据安全已成为企业和个人必须面对的重要挑战。从恶意软件到钓鱼网站，从违规外联到移动存储介质风险，每一项威胁都可能对网络及信息安全造成严重影响。本节将介绍主要威胁及其防范措施，旨在提高读者对网络安全的认识，共同构建一个更加安全、可靠的网络环境。将从常见的网络安全威胁入手，详细分析数据安全风险，并提出相应的防范措施。关注办公终端、外设、违规外联以及口令安全等方面，确保网络安全无死角。

（1）有哪些常见的网络安全威胁？应该如何防范？

网络安全威胁多样，包括恶意软件、钓鱼邮件、勒索软件、社会攻击、分布式拒绝服务（DDoS）攻击、隐私侵犯以及数据泄露等。防范需从多方面入手：使用包括数字、大小写字母和特殊符号的复杂强密码并定期更换；不轻信不明链接和附件，避免下载未知软件；定期更新系统和应用补丁，修补安全漏洞；定期备份重要数据以防丢失；加强网络安全案例学习，提高防范意识，共同守护网络安全。

（2）有哪些常见数据安全风险？应如何防范？

日常办公面临多种数据安全风险，如黑客攻击、系统漏洞与弱口令、第三方风险、加密不足和内部泄露。在网络安全防范措施之外，还可以采用如下防范举措：所有数据操作应在电网企业内部受控环境下进行，确保数据的完整性和安全性；禁止私自存储、传输或泄露敏感信息；避免在公共网络或未授权设备上处理数据；禁止私自提供数据给他人，严禁擅自拷贝或共享敏感数据。

（3）办公终端日常使用的要求是什么？

办公终端应安装使用正版的操作系统软件、办公软件、工业设计软件等，定期扫描漏洞并安装补丁。应安装软件正版化检查工具、保密检查工具、桌面管理系统和杀毒软件等，禁止安装非授权软件。禁止内网机连接互联网设备等违规外联行为。

（4）键盘、鼠标、移动存储介质等外设安全使用的要求是什么？

键盘、鼠标等外设应禁用无线连接。严禁非安全移动介质拷贝信息。安全移动存储介质专用于工作信息存储和内部传递，禁止存储国家秘密信息或用于其他用途。

（5）常见的违规外联风险有哪些？如何进行防范？

1）常见风险。

电网企业信息内网与互联网已经隔离，不能进行交互。管理信息大区办公计算机如果使用网络拨号、无线上网卡等进行违规外联，就会使管理信息大区与互联网联通，会把来自互联网的各类信息安全风险引入到管理信息大区。违规外联如图5-6所示。

图 5-6 违规外联

违规外联常见风险主要包括以下内容。

信息泄露风险： 外部实体可能通过违规外联获取敏感信息，如商业机密、客户数据等，一旦泄露，将造成严重损失。

合规风险增加： 违规外联可能导致违反法律法规和行业规范，面临法律风险和声誉损失。

网络安全风险： 违规外联可能受到网络攻击，黑客可能利用通信渠道入侵系统，窃取信息或破坏运营。

病毒感染和木马入侵： 内部网络暴露于互联网中，可能遭受病毒感染、木马入侵等安全威胁。

非授权访问和数据被篡改： 违规外联为黑客提供了侵入内部网络计算机的通道，可能导致非法篡改或窃取敏感数据。

渗透内网重要服务器： 黑客可能利用违规外联的终端作为跳板，进一步渗透到内网重要的服务器，使整个内部网络面临安全风险。

例如，20×× 年 ×× 月，国家某单位员工私自在管理信息大区办公计算机上安装使用了 CDMA 无线上网卡接入互联网。在与互联网联通的期间，导致管理信息大区办公计算机感染木马，该单位重要资料被盗取。该员工受到降级处分，并调离原工作岗位。

2）防范措施。

严禁"一机两用"（同一台计算机既上管理信息大区，又上互联网大区或互联网）的行为。严禁通过电话拨号、无线等方式与互联网大区和互联网联接。目前电网企业部署并升级了非法外联的管理监控系统，如桌面终端管理系统、安全准入系统、防病毒系统等，及时监控并强制阻断违规外联。

（6）常见的移动存储介质风险有哪些？如何进行防范？

1）常见风险。

连接互联网的计算机和移动存储介质上处理、存储涉及企业秘密信息和办公信息，很有可能会直接造成信息泄露事件。移动存储介质如图 5-7 所示。

图 5-7 移动存储介质

移动存储介质常见风险主要包括以下内容。

病毒感染： 容易成为病毒传播媒介。

数据泄露： 丢失或被盗可能导致敏感信息泄露。

例如，20×× 年 ×× 月，国家相关部门通报某单位员工使用的计算机中涉及办公资料泄露。经查实，该员工将办公资料存入非公司专配的个人移动存储介质并带回家中，利用连接互联网的计算机对该移动存储介质进行操作，由于其家用计算机存在空口令且未安装安全补丁，感染了特洛伊木马病毒，使存于移动存储介质上的文件信息泄露。

2）防范措施。

加强对个人计算机和个人移动存储介质的安全管理与防护，严禁在连接互联网的计算机和移动存储介质上处理、存储涉及企业秘密和办公信息。不得使用非电网企业专配存储介质存储涉及国家秘密、企业秘密和办公信息。不得使用安全移动存储介质存储涉及国家秘密的信息。在安全移动存储介质使用过程中，应当注意检查病毒、木马等恶意代码。

（7）常见的口令安全风险有哪些？如何进行防范？

1）常见风险。

计算机的口令如果设置不符合安全规定，则容易被破解，而破解者就可以冒充合法用户进入计算机窃取信息。常见弱口令如图5-8所示。

Admin	Password
root	0000aaaa
123456	qwer1234
12345	abc123

图 5-8 常见弱口令

口令安全常见风险主要包括以下内容。

弱口令： 简单或常见词汇容易被猜到。

重复使用： 在多个账户使用相同口令，一旦泄露，其他账户也面临风险。

口令共享： 与他人共享口令可能导致账户被未授权访问。

口令保存不当： 在不安全的地方记录口令，容易被他人获取。

钓鱼攻击： 通过假冒网站或邮件骗取口令。

数据泄露： 网站或服务的数据泄露导致口令被公开。

例如，20××年××月，某人到国家某事业单位办事，趁无人时，到该单位员工工位操作办公计算机。该单位办公计算机大都没有设置口令，已设置的也不符合保密规定，给了刘某可乘之机。该人窃取了大量该单位重要办公文件，并出卖给境外情报机构，给国家利益造成重大损失。该人被依法逮捕，该单位负有相关责任的人员也分别受到处分。

2）防范措施。

严禁信息系统、办公计算机、各类操作系统和数据库系统用户访问账号和口令为空或相同。口令长度不得少于8位，密码由字符、数字和特殊字符组成。删除或者禁用不使用的系统缺省账户、测试账号，杜绝缺省口令。口令要及时更新，必须开启屏幕保护中的密码保护功能，系统管理员口令修改间隔不得超过3个月并且不能使用前三次以内使用过的口令。

（8）常见的操作系统漏洞风险有哪些？如何进行防范？

1）常见风险。

用户计算机操作系统自身存在安全缺陷，厂商会不断地更新修复补丁。如果不能及时安装更新升级补丁程序，黑客可利用漏洞进入用户的计算机并进行操作。系统远程执行漏洞如图5-9所示。

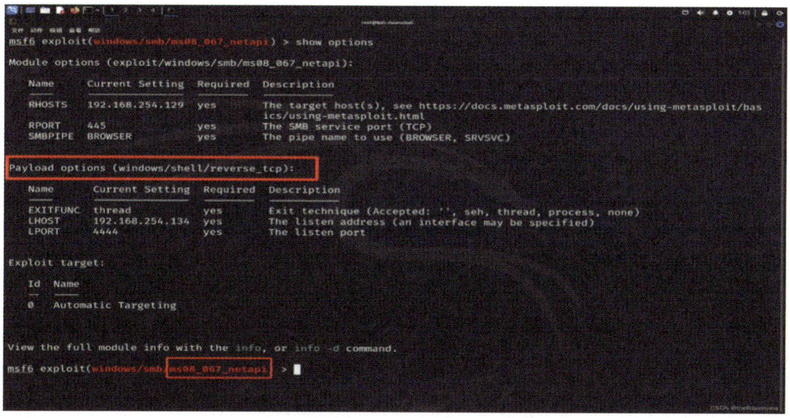

图5-9　系统远程执行漏洞

操作系统漏洞常见风险主要包括以下内容。

数据泄露、系统崩溃、恶意软件感染、未授权访问和拒绝服务攻击。攻击者利用这些漏洞窃取敏感信息、破坏系统功能、安装恶意软件或完全控制受影响的系统。漏洞还被用来进行网络钓鱼和社交工程攻击，进一步扩大损害范围。

例如，20××年××月，Windows操作系统被曝出致命漏洞MS08-067，全球超过1500万台电脑因为该漏洞而被黑客利用。黑客利用该漏洞获取了计算机的权限，不仅控制了用户计算机，定时监控用户在计算机上的一举一动，还将用户计算机变成了"傀儡"，攻击互联网上的其他用户。

2）防范措施。

及时安装操作系统的更新升级补丁程序。

（9）常见的钓鱼网站风险有哪些？如何进行防范？

1）常见风险。

"钓鱼"是一种网络欺诈行为，指不法分子利用各种手段伪造真实网站的界面和功能。用于财务诈骗、身份盗用等非法活动，给用户带来严重的经济损失和隐私泄露风险。钓鱼网站如图5-10所示。

图5-10 钓鱼网站

钓鱼网站常见风险主要包括以下内容。

信息泄露： 用户输入的个人信息可能被不法分子获取，导致身份盗窃或财产损失。

恶意软件： 钓鱼网站可能携带病毒或恶意软件，下载后可导致设备受损或被远程控制。

金融诈骗： 诱导用户进行虚假的金融交易，导致资金损失。

法律风险： 用户可能无意中参与非法活动，面临法律责任。

信誉损害： 个人信息被用于诈骗，可能损害个人信誉。

例如，不法分子通过发送伪装成银行、电商等官方邮件的钓鱼邮件，诱骗用户点击邮件中的链接或下载附件，进而窃取用户的账号密码和支付信息。此外，还有一些攻击者通过建立假冒的网上银行、证券网站等，骗取用户输入账号密码，进而实施盗窃。

2）防范措施。

不轻信来自不明来源的邮件、短信和链接。在访问网站时，注意查看网站的域名、安全证书等信息，确保网站的真实性。安装可靠的杀毒软件，并定期更新病毒库，以防范钓鱼网站中的恶意软件和病毒。

第六章　数据管理与应用

本章精析数据管理和大数据应用，旨在双管齐下。一方面，提升数据管理效能，确保数据资产分类精准、质量卓越、安全无忧且高效运作，稳固电网企业数字化转型基石。另一方面，强化员工数字化思维，增强研究应用能力，使数据真正成为决策的智囊团，提速创新步伐，赋能数智化电网建设，加快推进新型电力系统建设。

第一节　数据管理

数据管理体系由资产管理、分级分类、共享开放、质量治理及合规运营五大支柱构成。资产管理奠定坚实基础。分级分类强化安全并优化存储。共享开放基于精准分类，明确路径，激活数据潜能。质量治理确保数据精确无误。合规运营则护航全程合法合规。本节精炼讲解，助力高效数据管理。此外，特别介绍专为基层用户量身打造的集"查、找、用"数于一体的**基层数据服务专区**（见知识拓展 45），确保数据精准直达一线。

6.1.1　数据资产管理

（1）数据来源于哪些方面？

电网企业的数据主要来源于以下几个方面：

1）电力系统运行：包括发电、输电、变电和配电等环节，通过传感器、智能设备等实时收集数据。

2）用户交互：如通过智能电表等设备收集用户的用电数据，以及客户服务系统中用户的反馈和查询信息。

3）外部数据源：包括与电网企业合作的第三方机构提供的数据，如气象数据、能源市场价格等。

（2）数据资产管理开展的意义是什么？

数据资产管理（见知识拓展 36）开展的意义在于提升企业运营效率、促进数据共享、保障数据安全、促进决策科学化、增强风险管理能力、推动创新发展、强化业务服务能力、助力客户服务提升等。

（3）数据资产管理包括哪些具体工作？

数据资产管理主要包括四项工作：一是数据盘点，梳理**有效数据表**（见知识拓展 39）。二是数据资产目录维护，构建多维度目录体系并实现集中管理。三是**数据分类分级**（见知识拓展 40），实现差异化防护。四是负面清单数据管理确保敏感数据合规进行**数据共享开放**（见知识拓展 41）。数据资产管理工作如图 6-1 所示。

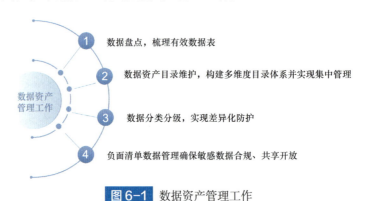

图 6-1 数据资产管理工作

（4）数据资产目录建设主要包含哪些内容？

数据资产目录建设如图 6-2 所示，主要包括以下内容：

1）数据资产分类：依据业务和应用需求，划分数据资产的不同类别。

2）**元数据描述**（见知识拓展 37）：描述数据资源的详细信息，包括核心元数据和扩展元数据，如数据资源名称、摘要、格式、信息项等，以提高数据的可理解性和可用性。

3）数据资产编码：为每个数据资源分配唯一且不变的标识代码，以便于数据检索和定位。

4）共享与开放属性：确定数据共享方式和开放程度，方便数据申请应用。

5）其他信息补全：如更新周期、所属领域、发布日期等，为数据管理和使用提供全面指导。

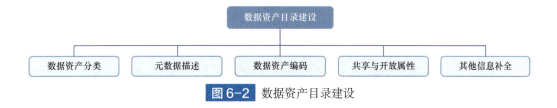

图6-2 数据资产目录建设

6.1.2　数据分级分类

（1）数据分类分级对数据管理的意义？

数据分类分级对数据管理至关重要，通过将数据按照敏感度、价值和用途分成不同类别和级别，支持数据精细化管控。这样做不仅能增强数据安全性，如对高度敏感信息实施严格访问权限和加密措施，还优化了数据存储和检索效率，降低了管理成本。此外，分类分级有助于识别关键数据资产，确保高价值数据的备份与恢复，支持业务决策与合规需求。

（2）数据分类分级应遵循什么原则？

数据分类分级应遵循合法合规、多维分类、就高从严及动态调整原则。合法合规要求遵循法律法规，优先对国家或行业有专门管理要求的数据进行识别和管理。多维分类从企业经营、个人及公共管理角度三个维度，结合业务和数据特征分类。就高从严原则确保分级严格，数据集级别不低于最高数据项级别。动态调整则要求随政策、管理变化和业务变革定期审核调整分类分级。

（3）数据分类分级执行什么策略？

数据分类分级执行"三维五层六级"总体策略。公司数据分级策略见表6-1。"三维"是指从企业数据、个人信息和公共数据三个维度开展数据分类分级工作。"五层"是指数据分类整体可分五层，其中一、二、三层按照业务特征分类，划分为专业领域、业务主题和业务对象；四、五层按照数据特征分类，划分为数据实体（数据集❶）和数

---

❶　数据集指源端业务系统数据库存储的数据表，是业务对象在某方面特征的最小属性集合。

据属性（数据项❶）。"六级"是指数据分级按重要性以及泄露或误用后的危害程度，参考电网企业涉密事项目录和数据共享负面清单，将电网企业数据由高到低划分为六级。

表6-1　　　　　　　　　　　　电网企业数据分级策略

国家数据级别	电网企业数据级别	影响对象					数据范围
		国家安全	公共利益	行业领域	个人合法权益	组织合法权益	
核心数据	核心数据（6级）	重大危害严重危害	重大危害	—	—	—	数据集
重要数据	重要数据（5级）	一般危害	严重危害	重大危害	—	—	数据集
一般数据	4级数据	无危害	一般危害	严重危害	重大危害	重大危害	数据项、数据集
	3级数据	无危害	无危害	一般危害	严重危害	严重危害	数据项、数据集
	2级数据	无危害	无危害	无危害	一般危害	一般危害	数据项、数据集
	1级数据	无危害	无危害	无危害	无危害	无危害	数据项、数据集

（4）数据分类分级实施包括哪些步骤？

数据分级分类基于数据资源目录进行，涉及数据分类、数据定级、清单审核、目录发布和变更管理五步。一是基于数据资源目录，按业务、来源等维度，分级分类形成《数据分类清单》。二是依据规则定级数据，标识安全等级，形成《数据分类分级清单》。三是按照小范围试用、全面推广策略，多维度审核清单合理性。四是发布分类分级目录。五是根据变更需求，定期按照整体工作流程执行变更操作。

（5）企业数据是如何分级的？

企业数据根据数据重要性以及泄露或者非法利用后对"国家安全、公共利益、行业领域、个人合法权益、组织合法权益"的影响程度进行定级。企业数据定级应同时考虑业务重要性和数据规模。业务重要性可基于电压等级、设备重要程度、用户等级等因素综合评价；当数据量达到一定规模，数据级别需提升，具体判断逻辑如表6-2企业级数据分级判定规则。

---

❶　数据项指源端业务系统数据表下的数据字段，是分类层级的最小颗粒。

表 6-2　　　　　　　　　　　　　　　　企业级数据分级判定规则

数据级别	判定规则
6 级 （核心数据）	国家有关部门评估确定的数据
5 级 （重要数据）	国家有关部门评估确定的数据
4 级数据 （受限共享）	不为电网企业全范围所知悉、或泄露后会对电网企业核心竞争力、经济利益造成重大危害的数据。例如： 　1.电压在 35kV 以上 500kV（含）以下变电站（开关站）、换流站的生产、运行、运维资料、未脱敏位置坐标等信息（包括无人机巡检信息） 　2.关联 10 万以上 100 万人以下公民个人信息的原始数据 　3.未公布的重大资产重组、资本运作及投资并购计划信息 　4.反映全局性经济运行、金融活动状况及关系产业竞争力数据 　5.电网企业涉密事项目录中的商业秘密等相关数据
3 级数据 （审批共享）	不为电网企业全范围所知悉、泄露后会对电网企业核心竞争力、经济利益造成严重危害的数据
2 级数据 （备案共享）	可在电网企业范围内直接共享使用的数据，泄露后仅对个人合法权益、组织合法权益造成一般危害
1 级数据 （无条件共享）	可对外开放，对国家安全、行业领域、公共利益、个人合法权益、组织合法权益均无危害

6.1.3　数据共享开放

（1）数据共享和开放分别遵循什么原则？

数据共享坚持"统一管理、分级负责，健全机制、规范有序，在线便捷、安全可控"的原则，秉承"以共享为原则、不共享为例外"的理念，严格执行数据管理的"最小化"要求。

数据开放坚持"共享融合、互利共赢，统筹规划、分类施策，依法合规、确保安全，健全机制、规范有序"的原则，积极响应数据对外开放需求，树立开放透明的良好形象，体现"大国重器"和"顶梁柱"的责任担当，助力国家数字经济发展。

（2）哪些数据应纳入负面清单？

负面清单是指涉及国家秘密、商业秘密、工作秘密和个人隐私的数据集合。以下数据纳入负面清单：一是涉及国家秘密的信息，如电力基础设施的关键信息，确保国家安全不受威胁。二是涉及企业商业秘密与敏感业务的数据，如核心技术、客户资料、财务数据等，保护企业竞争优势。三是涉及用户个人隐私的数据，如身份信息、用电详情等，避免未经允许的信息泄露，尊重并保护用户权益。

（3）数据共享流程包括哪几类，具体流程是什么？

数据共享流程如图 6-3 所示，分为负面清单数据共享流程和非负面清单数据共享流程两类。非负面清单数据共享流程，数据需求方结合实际应用需要，在线提出数据共享需求，数字化职能管理部门组织开展需求对接和分析，并基于数据中台开展权限配置、数据提供等工作，支撑各部门便捷获取数据负面清单内数据共享流程。负面清单数据共享流程，同样包括需求提报、需求审核、授权实施三个环节，区别在于需求审核环节增加专业审核与合规审查，并基于数据中台开展数据脱敏工作，支撑业务部门获取数据。

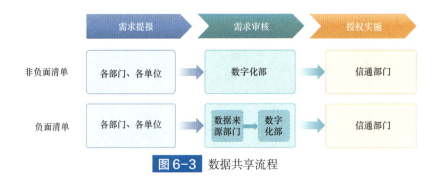

图6-3 数据共享流程

（4）数据开放执行什么策略？

针对不同的数据开放需求（见图 6-4），采取差异化的数据对外开放策略。

1）政府监管类：依据公文或公函，提供保密数据需审核并签署保密协议。

2）公益服务类：原则上不提供明细数据，以数据服务或产品形式响应，涉及保密数据需签订保密协议。

3）商务增值类：以数据服务或产品响应，签订数据服务合同，明确价格、使用要求及保密协议（如需）。

4）公共开放类：按信息公开要求，通过指定渠道发布，涉及商业秘密及个人信息需限定查询范围，确保安全合规。

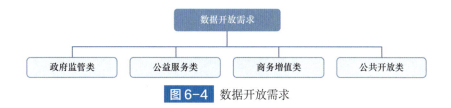

图 6-4 数据开放需求

6.1.4 数据质量治理

（1）数据质量治理的意义是什么？

数据质量治理（见知识拓展 42）对于保障电网安全、提升运营效率及促进电网企业高质量发展至关重要。具体主要体现在以下几个方面：

1）提升数据准确性和一致性，确保电网实时运行控制和调控策略调整的可靠性。

2）降低数据管理合规风险，提升电网运行的安全性和稳定性水平。

3）通过数据质量治理，提高决策效率和质量，为电网高质量发展赋能。

（2）数据质量问题如何识别？

数据质量问题的识别基于清晰标准，涵盖完整性、准确性、一致性等。识别方法如图 6-5 所示，包括：一是通过数据概况分析、统计方法和可视化工具，结合业务规则和历史数据，发现数据缺失、异常和逻辑矛盾，如设备档案是否完备、拓扑图形是否标准与现场是否一致；二是收集用户反馈和系统日志，了解实际使用问题；三是利用自动化工具定期扫描，结合机器学习和人工智能模型，监控数据异常，如数据趋势异常、数据异动等。

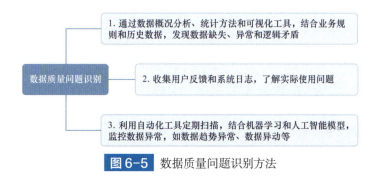

图 6-5 数据质量问题识别方法

（3）数据质量治理体系应包括哪些工作？

数据质量治理体系如图6-6所示，包括：

1）组织体系建设。明确数据质量治理相关组织和角色的职责与分工，确保数据治理工作顺利进行。

2）标准体系建设。制定并落实数据标准，如数据模型、主数据、参考数据等，确保数据规范性和一致性。

3）流程体系建设。建立数据管理流程，涵盖数据质量、安全、流程管理等，保障数据准确性和安全性。

4）评价体系建设。构建数据质量评估体系，对数据进行质量检查，确保数据准确性和完整性。

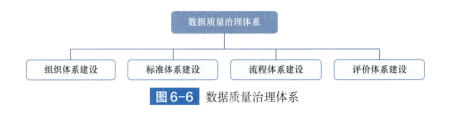

图6-6 数据质量治理体系

（4）目前数据治理主要有哪些手段？

目前数据治理的主要手段包括：

1）常态化数据治理：通过建立完整的治理体系，使用先进的数据管理工具和技术，自动运行核查规则，定期核查数据，确保数据质量，并将核查结果及时反馈给基层单位治理。

2）专项数据治理：针对特定业务、重点工作或问题，如"电网一张图"建设和线损治理等，制定专项数据治理计划，编制异常数据核查规则，定期下发专项治理工单，从重点工作切入提升数据准确性。

（5）数据治理定源定责是什么，有什么好处？

数据治理定源定责是指每个数据元素都有一个唯一的"源"，即数据的产生者或负责人，并且该源对数据元素的内容和质量负有责任。

数据治理定源定责的好处在于能够确保数据来源的清晰可靠，有明确的数据责任主体，有序推进跨部门、跨系统的数据共享和协同工作，减少数据冗余和错误，提升数据质量和可信度，提高数据利用效率。同时，定源定责还能增强数据安全意识，保障数据安全和隐私保护，为企业决策和业务运营提供有力支撑。

（6）权威数据源认定应遵循哪些标准和程序？

权威数据源认定需遵循"数据同源、源头唯一"原则，统筹考虑数据的系统分布、交互方式与共享程度。首先追溯数据产生的源头，确保源头的唯一性和准确性；随后认定权威数据源与责任主体，明确数据的权威性和可信度；接着发布权威数据源清单，以供系统建设和数据共享使用。同时，制定权威数据源管理规范，确保其在系统建设集成、数据质量提升、数据共享等方面发挥关键作用。

（7）数据主人认定如何与数据治理结合？

数据主人认定与数据治理结合的核心在于将业务责任人与具体的数据治理活动紧密相连。数据主人认定与数据治理结合的方法如图6-7所示。通过"工单驱动"的数据治理闭环机制，业务环节主人或者数据治理管控平台可以直接发起与数据相关的问题或校核请求，依托工单精准下发给数据主人，实现问题的快速响应和处理，提升数据治理效率。同时，将**数据主人制**（见知识拓展43）融入日常工作和业务流程，增强事中管控和事后稽查，使得数据治理成为基层单位自然而然的一部分。

图6-7 数据主人认定与数据治理结合的方法

6.1.5　数据合规运营

（1）数据合规管理主要面向哪些数据对象？

数据合规管理（见知识拓展44）对象以个人信息、公共重要数据、企业秘密数据为主。个人信息指能够单独或者与其他信息结合识别特定自然人或者反映其活动情况的各种信息，包括一般个人信息和敏感个人信息。公共重要数据指一旦遭到篡改、破坏、泄露或者非法获取、非法利用，可能危害国家安全、公共利益的数据。企业秘密数据指关系电网企业安全发展利益和经营管理秩序，依照电网企业定密程序确定，在一定时间内只限一定范围的人员知悉的数据，包括商业秘密数据和内部事项信息。数据合规管理对象如图6-8所示。

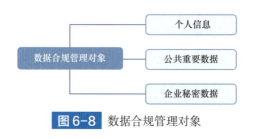

图6-8 数据合规管理对象

（2）数据合规管理应遵循什么原则？

数据合规管理遵循"统筹协调，全面覆盖，严格管控，管技结合"的原则。加强顶层设计，强化跨专业、跨层级统筹协调，确保工作有序推进。全面嵌入数据活动，各领域、各环节确定分类分级管理重点，覆盖全生命周期，实现全面合规。健全管理体系，细化职责，强化事前防范与过程管控，加强违规事件应对处置，严格风险管控。同时，结合数字化建设，利用技术固化管理，提升效率，实现管理与技术的深度融合。

（3）数据合规管理涉及哪些重点环节？

电网企业数据合规管理涉及多个重点环节，主要包括数据获取、传输、存储、应用、开放及销毁等。在数据获取时，需确保合法合规，明确目的、方式和范围，并尊重用户隐私。数据传输和存储过程中，需采取必要的安全措施，防止数据泄露或被盗用。数据应用时，需遵守相关法律法规，确保数据使用的合法性和正当性。数据开放需经过严格审批，确保不会泄露敏感信息。数据销毁时，需确保数据彻底删除，无法恢复，以防止数据泄露风险。

（4）如何进行数据合规风险识别与评估？

首先，业务部门需梳理本业务领域涉及的个人信息保护、数据跨境传输等活动的数据合规风险。其次，数据合规管理部门需综合各部门的风险识别成果，分析风险发生的可能性及影响程度，确定风险等级，构建电网企业数据合规风险库，并编制评估准则。对于可能引发重大违规事件或产生重大负面影响的风险，应纳入合规底线清单管理。同时，发现趋势性、典型性、普遍性的风险时，应及时发布预警。最后，基于风险库和评估准则，各单位需组织评估工作，形成风险问题清单，并制定相应的管理提升措施和实施计划，编制数据合规风险评估报告。

6.1.6 基层数据服务专区

（1）基层数据服务专区功能是什么？

基层数据服务专区涵盖数据看板、全局搜索、数据探索、我的数据等功能模块（见图6-9），为基层用户提供日常的找数、看数、用数专门入口，贯通基层数据全链条，满足基层用户标准化和个性化场景应用需求。

图6-9 基层数据服务专区功能展示

（2）基层数据服务专区适用范围是什么？

基层班组：利用统计数据、典型场景等功能，支撑日常指标和数据监测业务异动分析等工作。

供电所工作人员：利用"共性数据集 + 自助式分析工具"支撑日常业务统计、报表填报、数据分析等工作。

基层各专业业务人员：利用数据搜索、热门推荐等功能，基于数据中台探索区开展数据分析挖掘等工作，构建数据分析场景。

（3）基层数据服务专区共性数据集有哪些？

基层数据服务专区沉淀了上百项高需求共性数据集，且数量持续动态增长，这些数据集紧密贴合基层实际需求，主要聚焦于客户域和电网域两大核心领域。主要包括以下内容：

1）客户域。

①客户用电行为数据：包括用电量、用电时段、用电负荷等，用于分析客户需求和用电模式。

②客户信用评价数据：涵盖缴费记录、欠费情况等信息，用于评估客户信用等级，优化电费回收策略。

③客户服务反馈数据：包括供电服务、故障报修等方面反馈信息，用于提升客户满意度和服务质量。

2）电网域。

①电网运行状态数据：包括电压、电流、功率等实时数据，用于监测电网安全稳定运行。

②设备运维数据：涵盖变压器、线路等设备的运行状况、维护记录等，支持设备故障预测和健康管理。

③新能源发电数据：包括风电、光伏等新能源发电站的发电量、发电效率等信息，助力新能源消纳和电网调度。

（4）基层数据服务专区统计数据有哪些？

基层数据服务专区沉淀了基层需求较高的 25 项关键统计指标数据，集中分布于营销专业，支持及时查看、洞察业务问题，如图 6-10 所示，主要包括以下内容：

1）台区线损信息：包含台区月度和日度线损率，用于分析供售电量差异，识别潜在的电网损耗点，提高电网效率。

2）分布式光伏发电信息：包含分布式光伏系统发电量、上网电量、自用比例等，评估可再生能源贡献，促进清洁能源整合。

3）台区供售电量信息：包含台区供电量与售电量，用于对比分析发现不平衡情况，优化电力资源配置。

4）客户缴费信息：包含用户缴费记录，包括缴费金额、缴费方式、缴费周期等，用于评估客户信用，优化账务管理。

5）客户用电档案：包含用户基本信息、用电类别、电价执行情况等，支持精细化客户服务与市场分析。

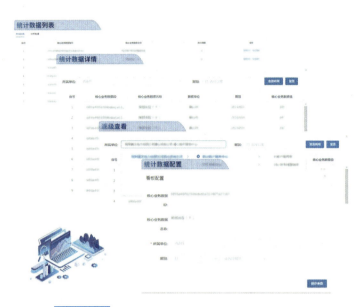

图6-10 基层数据服务专区统计数据分类展示

第二节　大数据应用

本节首先介绍大数据应用顶层设计，明晰发展蓝图。随后，深入剖析大数据产品从前期规划至运维的全生命周期管理重点，并特别聚焦数据处理、特征优化与模型评估等数据分析建模关键技术进行实用化指导，确保数据加工规范高效，强化产品效能。最后，简要介绍能源大数据中心和**数字化大厅**（见知识拓展48）孵化和展示平台的服务定位和发展规划等，全方位讲解电力大数据应用流程规范、成果成效，更好促进能源数字生态建设。

6.2.1　大数据应用管理

（1）大数据应用管理包括哪些内容？

大数据应用是指综合应用电网企业内部电力生产运行、经营管理、客户服务等业务活动所产生的数据资源，以及获取的外部数据资源，通过数据分析挖掘，释放数据资源价值，发现新知识、创造新价值、提升新能力，赋能电网企业提质增效，支撑行业高质量发展，服务国家治理现代化。大数据应用管理包括大数据应用需求立项、开发实施、发布应用以及成果评价等全生命周期管理及大数据应用能力建设。

（2）"两支撑　三赋能"大数据应用业务体系是什么？

"两支撑"为支撑国家治理科学和支撑绿色低碳发展。通过电力数据强化经济协同评估与产业链洞察，支撑科学治理，强化经济与社会治理。紧密耦合"电碳"数据，监测碳排放，支撑双碳战略与节能环保，助力低碳转型。

"三赋能"为赋能电网转型升级、赋能经营管理提升和赋能客户服务优质。通过大数据优化电力供应、促进清洁转型、辅助决策、深化精益管理、提升运营能力及优化客户服务体验，助力电网企业创新发展与生态繁荣。大数据应用体系（2023 版）如图6-11 所示。

图 6-11 大数据应用体系（2023 版）

（3）大数据应用评价与成果管理主要包括哪些内容？

大数据应用评价与成果管理，主要包括成果应用成效评估、工作评价等内容，定期总结大数据应用成效，开展应用成效评估，促进大数据应用发挥实际效用。

6.2.2　大数据产品建设指导

（1）大数据产品总体架构是什么？

大数据产品总体分为基础层、数据层和产品层。基础层为产品提供软硬件环境，包括云平台存储资源、计算资源和组件资源等。数据层基于数据中台构建，为产品提供基础数据资源促进成果开放共享，包括贴源层、共享层和分析层。产品层主要实现应用构建，构建类型包括配置构建和开发构建两类。保障体系包括安全保障和产品运维，从网络、数据、应用三个维度构建产品安全保障，从资源、链路和运行三个方面开展运维监控保障。大数据产品总体架构如图6-12所示。

图6-12 大数据产品总体架构图

（2）大数据产品分为几类？

配置构建类：配置构建类大数据产品前端展现界面采用配置工具实现，配置工具应使用数据中台自带的自助式分析工具（QuickBI或FineBI），通过配置数据服务接口实现数据访问。

开发构建类：开发构建类大数据产品需要进行程序代码开发并编译部署实现，应采用微应用/微服务架构，后端开发技术遵循Java EE规范。

算法模型：算法模型特指大数据产品在特定业务场景开展数据预处理、特征识别、模型训练、模型评估、模型发布等工作构建的分析挖掘模型，算法模型包括数据、算法和模型，应遵循算法库版本统一、模型成果开放共享的基本原则。

（3）大数据产品构建流程是什么？

大数据产品构建流程包括产品前期、产品构建、产品验证测评、产品部署及上下线和产品运维五个阶段，如图6-13所示。

1）产品前期阶段：需求部门（单位）开展产品需求分析、架构设计并提交相关项目材料，数字化职能管理部门组织开展产品架构评审工作。

2）产品构建阶段：通过架构评审后，产品承建厂商组织开展数据需求、产品数据研发、产品应用研发等技术研发工作。

3）产品验证评测阶段：产品部署上线前，数字化职能管理部门组织开展产品验证评测工作，从数据、技术和功能三个维度对产品进行全面评测，验证产品是否符合本指导意见相关技术要求。

4）产品部署及上下线阶段：通过验证评测的数据产品可进行产品正式环境部署，结合上下线等相关管理办法开展上线试运行及验收等工作。

5）产品运维阶段：产品上线试运行验收完成后由建设转入运维阶段，承建厂商将大数据产品移交运维团队，运维团队负责产品的总体运维工作，常态化开展产品日常运行监控、功能迭代完善等运维工作。

图6-13 大数据产品构建流程

(4) 产品前期阶段各环节需要提交的项目材料分别是什么？

需求分析环节：需求部门（单位）根据大数据产品业务需求开展产品功能、数据需求、软硬件资源需求、服务类型等前期需求分析工作，编制《业务需求报告》《项目说明书》或《可行性研究报告》等项目材料。

架构设计环节：需求部门（单位）按照云和数据中台技术架构开展前期架构设计工作，云和数据中台运营团队为需求部门（单位）提供咨询服务和技术支撑。需求部门（单位）编制《概要设计》《部署方案》等项目材料。

(5) 产品构建阶段数据如何申请？

数据需求部门（单位）根据业务需求开展数据溯源工作，根据数据溯源结果，在数据运营服务平台提报数据使用申请，提报流程严格执行数据中台的数据共享流程。

(6) 产品构建阶段数据存储方式如何选择？

大数据产品基于数据中台分析型数据存储工作空间（ADS）、关系型数据库（RDS）、分布式关系数据库（DRDS）、时序数据库（TSDB）、多模型数据库（TableStore）等组件进行统一存储计算。ADS适用于海量数据的分布式加工计算。RDS、DRDS适用于结构化数据的即席查询、分析展现、联机分析处理。TSDB 组件适用于量测、时序数据的存储、查询以及聚合计算等。TableStore 适用用于非关系型数据存储，提供海量结构化数据的存储和实时访问。

（7）产品构建阶段数据建模有哪些注意事项？

1）大数据产品数据建模是根据业务应用需要，对数据进行分类、汇总、补全等处理后的应用模型，模型类型包括对象关系模型、统一维度模型、指标和汇总宽表❶。

2）产品应用模型应基于数据中台 ADS 进行构建，模型的数据须来源于分析层或共享层，不能直接引用贴源层数据。

3）产品应用模型设计工作应结合数据中台融合模型构建成果，如中台现有融合模型能满足大数据产品需求，应优先引用融合模型，避免重复建设。

4）产品应用模型建设应符合融合模型的技术要求，对普适性较强、复用度较高的应用模型，通过设计沉淀，纳入融合模型统一管理，提高模型对外共享能力。

5）有推广需求的大数据产品所构建的应用模型或结果表需包含"组织机构 ID"字段，按照用户所在单位做好数据行权限控制，便于数据产品在不同地市级电网企业进行推广使用。

（8）产品构建阶段数据加工处理有哪些注意事项？

1）大数据产品的数据汇总、指标计算、数据加工等大数据量分析计算应基于 ADS 开展，离线数据加工处理采用 DataWorks 组件，实时数据加工处理推荐采用 Blink 组件。

2）数据加工处理过程中的表、任务等名称应遵循电网企业总部两级数据中台命名规范指导意见，字段名称原则上应延用源系统字段名称，保证业务含义的一致性。

3）对需要复杂逻辑处理、多表关联、多字段混合处理生成的共用字段，需要提炼公共的数据处理逻辑，加强业务逻辑沉淀。针对常用的累计、同比、环比等数据加工代码进行统一规范和技术沉淀，提高开发效率及程序性能。

（9）产品构建阶段数据同步有哪些注意事项？

1）数据同步特指从数据中台 ADS 到 RDS 应用库的数据同步，数据同步以同步汇

---

❶　宽表：一种字段（列）比较多的数据表。

总结果数据为主，减少明细数据的同步，降低资源占用率。

2）采用数据集成组件（DataWorks DI）进行数据同步操作，数据同步需要设置时间和速率限制，作业速率上限设置不能超过 10M/s，原则上日常单表单次同步数据条目不超过 50 万条，大小不超过 50M，同步工作流运行耗时不超过 30 分钟。

（10）产品验证测评阶段主要包含哪几部分？

1）数据验证：数据验证主要从数据需求、数据存储、数据建模、数据加工处理、数据同步、数据服务 6 个环节开展。对照各关键技术要点，参照表 6-3 大数据产品数据验证评测，开展验证工作，对不符合规范要求的技术要点进行说明并整改。

表 6-3 　　　　　　　　　　　　　大数据产品数据验证评测

序号	验证环节	技术要点	验证项
1	数据需求	是否需要扩充接入	□是　□否
2		外部数据采集技术	□数据采集接口　□线下导入　□其他
3	数据存储	RDS 单表存储大小	□小于 2G　□大于 2G
4		RDS 单个数据库实例	□小于 2G　□大于 2G
5		ADS 是否存储共享层明细数据	□是　□否
6	数据建模	数据来源	□共享层　□分析层　□其他
7		模型沉淀情况	□沉淀　□未沉淀
8		表名称是否符合命名规范	□是　□否
9	数据加工处理	节点、任务名称是否符合命名规范	小于 30 分钟任务数＿＿＿＿＿ 30 分钟~3 小时任务数＿＿＿＿ 3~24 小时任务数＿＿＿＿＿＿ 大于 24 小时任务数＿＿＿＿＿
10		任务执行效率	□是　□否
11		提供数据处理逻辑	□是　□否
12		数据同步技术	□ DataWorks　□其他
13		是否同步明细数据	□是　□否
14	数据同步	作业速率	□小于 10M/s　□大于 10M/s
15		单表单次同步数据条目	□小于 50 万条　□大于 50 万条
16		单表单次同步数据量	□小于 50M　□大于 50M
17		同步工作流运行时长	□小于 30 分钟　□大于 30 分钟

续表

序号	验证环节	技术要点	验证项
18		数据获取方式	☐ API 服务接口 ☐ JDBC 接口 ☐ 其他
19	数据服务	是否符合命名规范	☐ API 目录 ☐ API 名称 ☐ API 描述 ☐ API 路径
20		服务接口数据源	☐ RDS ☐ MaxCompute ☐其他

2）技术验证：技术验证主要从配置构建类、开发构建类、算法模型 3 个验证环节开展，对照各关键技术要点，参照表 6-4 大数据产品技术验证评测，开展验证工作，对不符合规范要求的技术要点进行说明及整改。

表 6-4　　　　　　　　　大数据产品技术验证评测表

序号	验证环节	技术要点	验证项
1	配置构建类	前端展现配置工具	☐ Quick BI ☐帆软 BI ☐其他 BI 产品
2		开发架构	☐微应用 / 微服务 ☐其他
3		开发平台	☐ SG-UAP ☐其他
4	开发构建类	开发语言	☐ Java ☐ Python ☐其他
5		前端技术	☐ HTML ☐ HTML5 ☐ CSS3 ☐ JavaScript ☐其他语言 / 技术
6		支持浏览器	☐ IE ☐ Chrome ☐其他
7		算法库版本	☐符合要求 ☐不符合要求
8	算法模型	支持调用语言	☐ Java ☐ Python ☐其他
9		算法模型封装共享	☐进行了封装共享 ☐未进行封装共享

3）功能验证：功能验证要点主要包括功能可用性和完整性，由产品需求部门开展大数据产品的功能试用验证工作，并提供产品试用反馈报告。

6.2.3　数据分析建模

（1）数据分析建模的一般流程包括哪些阶段？

数据分析建模的一般流程涵盖了从原始数据到模型部署的全过程，如图 6-14 所示，主要包括以下几个关键阶段：

1）数据预处理：包括数据清洗，处理缺失值、异常值，统一数据格式，确保数据质量和一致性。

2）特征工程：涉及特征选择、特征提取和特征构建，目的是转化原始数据为对模型有用的输入，提高模型性能。

3）模型选择：根据问题类型和数据特性选择合适的算法，比如线性模型、树模型或深度学习模型。

4）模型训练：使用训练数据集对选定的模型进行训练，调整模型参数以优化性能。

5）模型评估：在独立的验证集或测试集上评估模型的泛化能力，常用的模型评估指标包括准确率（Accuracy）、查准率（Precision）、查全率（Recall）、F1分数（F1-Score）等。

6）模型优化：基于评估结果，对模型进行调参或采用集成学习方法提升模型效果。

7）模型部署：将最终优化的模型部署到生产环境，用于实际预测或决策支持。

图6-14 数据分析建模的一般流程

（2）如何高效识别并处理数据集中的异常值？

高效识别数据集中的异常值可采用以下方法：首先，使用统计方法，如计算标准分数（Z-score，数据点与平均值的偏离程度，超过3倍标准差视为异常）。其次，通过可视化手段，如箱线图直观显示数据分布，异常值通常位于箱体的上下界之外。此外，密度聚类算法和孤立森林模型等无监督学习方法也能有效检测出与正常数据密度或分布不同的噪声点。处理异常值时，可根据情况选择删除、替换（如用平均值、中位数填充）或进行数据转换等策略，确保后续分析的准确性和有效性。

（3）如何处理数据中的缺失值？

对于数据集中存在的缺失数据，可以采用删除记录或数据填充方式处理，如图6-15所示。是否删除缺失数据取决于缺失数据的比例及该数据的重要性。若缺失比例小且数据不关键，直接删除可能是简单有效的方法。而对于重要数据或大量缺失的情况，应考虑填充。填充方法包括使用固定值（如均值、中位数、众数）、前向或后向填充、模型预测填充等。模型预测如 K 近邻填充法（KNN Imputer）或基于机器学习模型预测缺失值，适用于特征间存在强相关性的场景。选择最合适的方法需根据数据特性和分析目标进行综合考量。

图 6-15 缺失值处理方法

（4）特征选择的作用是什么？常用方法有哪些？

特征选择旨在选出与目标变量相关性较高的特征，减少无关或冗余特征，常用方法有过滤法（如皮尔逊相关系数、互信息法）、包裹法（如递归特征消除）和嵌入法，

图 6-16 特征选择的方法

如图 6-16 所示。过滤法基于单个特征与目标变量的关系进行评分；包裹法通过反复训练模型评估子集性能；嵌入法则在模型训练过程中自动执行特征选择。Python 语言提供了对应实现，选择合适方法需根据数据特点和计算资源综合考虑。

（5）在特征提取过程中，如何进行特征转换和编码？

特征转换和编码是特征提取过程中的两个重要环节，转换包括对数值特征进行归一化（如 MinMaxScaler）或标准化（StandardScaler），使不同尺度的特征在模型中有相等影响力；对类别特征进行编码，如独热编码（One-Hot Encoding）适用于互斥类别，标签编码（Label Encoding）适用于有序类别，序数编码考虑了类别间的顺序关系。此外，特征组合（如通过多项式特征或基于领域知识的手动创造新特征）也是提升模型表现的重要手段。实施时，可利用 Python 语言中的预处理模块完成这些转换和编码操作。

（6）如何选择合适的模型来达到最佳的预测效果？

模型选择基于问题类型（如回归、分类、聚类）、数据特性及业务需求。开始可尝试几种基础模型（如线性回归、逻辑回归、决策树、支持向量机等），并使用交叉验证评估性能。复杂模型（如神经网络、随机森林、梯度提升机）可能提供更好性能，但需注意过拟合风险。利用网格搜索、随机搜索或贝叶斯优化调参，找到模型的最佳超参数组合。最终，选择模型不仅要考虑准确率，还需考虑解释性、训练时间及资源消耗。

（7）如何有效处理模型训练中的过拟合问题？

过拟合意味着模型在训练数据上表现过好，但在新数据上泛化能力差。解决方法包括：增加数据量，以提供更多学习信息；特征选择或降维，减少不相关特征干扰；正则化，如在正则化损失函数中加入惩罚项，限制模型复杂度；提前停止（Early Stopping），在验证集性能不再提升时终止训练；使用交叉验证来更准确地估计模型泛化能力；以及集成学习，通过组合多个模型减少方差。这些策略可单独或组合使用，以达到最佳泛化效果。

（8）如何选择合适的评估指标来衡量模型的性能？

选择评估指标需根据任务类型及目标。对于分类任务，精度、查准率、查全率、

F1 分数是常用指标。精度适合类别均衡数据；查准率和查全率关注正确预测的正例比例和预测为正例的真实比例；F1 分数综合考虑两者。对于回归任务，均方误差（MSE）、均方根误差（RMSE）、平均绝对百分比误差（MAPE）和决定系数（R^2）是主要指标，反映预测值与真实值的偏差。模型性能评估指标如图 6-17 所示。

图 6-17 模型性能评估指标

（9）如何使用混淆矩阵来计算模型评估指标？

混淆矩阵是一个表格，用于展示分类模型预测结果与真实标签之间的比较（见图 6-18），主要包含四个基本类别：真正例（True Positives, TP）、真负例（True Negatives, TN）、假正例（False Positives, FP）和假负例（False Negatives, FN）。从混淆矩阵中，可以提取的关键性能指标包括：准确率［$Accuracy=(TP+TN)/(TP+TN+FP+FN)$］、查准率［$Precision=TP/(TP+FP)$］、查全率［$Recall=TP/(TP+FN)$］和 F1 分数［$F1\text{-}Score=2×(Precision×Recall)/(Precision+Recall)$］，这些指标分别从不同角度反映了模型的预测精度、查全率和平衡精度。通过这些指标的综合分析，可以更全面地评估模型的性能，并识别出模型在特定类别上的优势或劣势。

图 6-18 使用混淆矩阵计算模型评估指标的方法

6.2.4 能源大数据中心

（1）能源大数据中心定位是什么？

一是服务政府科学治理绿色低碳转型。融合多方数据，科学量化政策法规，预测风险隐患，推动公共资源优化配置，构建数字治理生态；开展行业级和企业级电力相关业务，应用标准模型，创新开展"双碳"衍生服务，完善碳监测数字服务体系，支撑碳达峰碳中和目标。二是赋能能源保供地方经济发展。结合能源供需实际，创新业务应用，提升多能互补水平，优化应急保供方案；融合外部数据，研判经济发展趋势，强化产业链发展分析，提高地方经济竞争力。三是支撑新型电力系统建设公司高质量发展。完善清洁能源数据集，优化预测模型，创新开展新能源运行监测等应用；构建企业级运营监测体系，提升企业运营协同及风险洞察能力，实现宏观与微观多维监测分析，支撑公司高质量发展。能源大数据应用支撑平台首页如图 6-19 所示。

图6-19 能源大数据应用支撑平台首页

（2）能源大数据中心的三大运营工作是什么？

能源大数据中心运营工作主要包括能源大数据中心应用支撑平台运营、大屏可视化运营及能源数据产品运营三方面。

（3）能源大数据中心如何助力新型电力系统建设？

一是加强政企合作，融合数据中台数力算力，深化能源大数据支撑平台建设应用。围绕重点应用需求，开展能源、经济、环保等外部数据汇聚与治理，提升能源数据管理水平。二是打造统一对外数据服务窗口，发挥能源大数据中心在展示电网企业数智化坚强电网建设成效、赋能能源保供和促进地方经济发展、支撑政府科学治理和绿色低碳转型等方面的作用。三是基于能源大数据中心数据资源多元化、实时性等优势，围绕装备制造、电源场站、电力消费等相关行业需求，持续拓展新能源集控业务，开展新能源场站功率预测、智慧风电场等数据产品开发建设，探索创新服务模式，促进上下游企业高质量发展，助力新型电力系统建设。

(4) 能源大数据中心"1+N"数据服务窗口内容是什么？

"1"指省级电网企业数字化大厅，"N"指地市级电网企业、各支撑单位对外服务窗口，实现数据服务落地应用。构建以省级电网企业数字化职能管理部门牵头负责、信通单位建设运营、地市级电网企业等单位分级应用的省级能源大数据中心，推动能源数据融通共享、能源数据产品全量汇聚、能源数据服务高效输出，全面服务数字政府建设、上下游企业和电网企业各专业、各单位数据应用创新。省级电网企业能源大数据中心"1+N"数据服务窗口如图6-20所示。

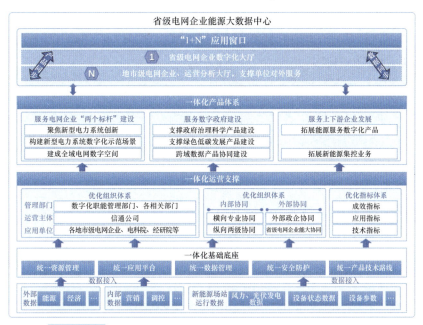

图6-20 省级电网企业能源大数据中心"1+N"数据服务窗口

(5) 能源大数据中心三个服务方向是什么？

一是汇聚电网企业数字化转型工作成果，二是推进对外数据服务产品建设，三是统筹管理电网企业能源数据产品，如图6-21所示。

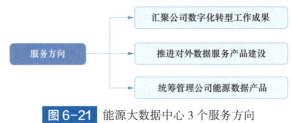

图6-21 能源大数据中心 3 个服务方向

（6）能源大数据中心五统一的基础底座是什么？

五统一的基础底座是依托电网企业数字化基础资源，按需接入能源领域和外部核心数据，夯实统一的资源管理、统一的数据管理、统一的安全防护、统一的产品技术路线、统一的应用平台。

（7）能源大数据中心有哪些典型场景？

服务数字政府建设方面有电力看塞罕坝、电力看冰雪经济、智慧美丽港城分析、小微企业景气情况分析、支柱行业运行态势分析等典型场景。

服务上下游企业发展方面有新能源大数据分析、计量资产精益化管理、风光储生产实时信息总览等典型场景。

服务两个标杆建设方面有新型能源特性分析、生产成本量化分析、电费智慧预测等典型场景。

6.2.5　数字化大厅

（1）数字化大厅建设原则是什么？

数字化大厅工作坚持"突出整体运营、注重价值引领、坚持数据驱动、持续迭代完善"原则，实行统一管理、分级负责，满足展示场景菜单化、场景设计规范化、数据接入在线化、接待流程标准化、大厅作用平台化要求。

（2）数字化大厅展示场景如何管理？

构建大厅场景管理目录，上线场景纳入目录统一管理。展示场景按照主题进行分级分类"菜单化"管理，可根据服务目的、接待对象等要素定制组合，满足对外展示宣传、对内监测共享需求。

(3) 数字化大厅如何应对恶意攻击和网络安全威胁?

1) 数据质量管理。按照"谁主管谁负责,谁使用谁负责"原则落实大厅数据管理责任,场景责任部门及单位负责其提供场景的数据质量核查、数据治理和按需更新,确保数据的准确性、完整性和及时性。

2) 数据安全管理。严格执行电网企业网络安全规定,涉密数据按照国家和电网企业保密要求进行管理,不得自行将数据拷贝和提供他人,不得违规存储、处理涉及敏感数据。

3) 数据应急管理。大厅重要场景数据应进行本地备份,制定场景应急处置预案,当参观接待发生通信网络、平台系统异常等情况时,立即启动备份数据和应急预案,确保参观接待正常进行。

(4) 数字化大厅参观接待主要流程是什么?

大厅参观接待实施标准化管理,按照"参观前、参观中、参观后"制定工作流程标准,规范接待内容,细化标准要求,确保每项工作责任到人。数字化大厅示意如图6-22所示。

图6-22 数字化大厅示意

(5) 数字化大厅接待级别怎么划分?

根据接待领导级别和展示场景的复杂程度,将接待等级分为重要接待和一般接待。重要接待是指参观者级别为厅局级以上领导,或展示场景涉及主侧屏协同配合的,参观接待需求主体须提供保障人员，大厅现场支撑团队提前安排驻场保障人员；一般接待是指参观者级别为处级以下领导，展示场景不涉及主侧屏协同配合的，由大厅现场支撑团队直接提供支撑服务。

第七章 项目全过程管理

本章从电网数字化项目计划、建设、运行、合规等方面，详细阐述了数字化项目全生命周期管理的基本知识，为业务部门和基层单位数字化建设提供了路径指导和实用工具指明了合规要点，旨在规范项目管理，努力提升数字化投资和建设水平，助力电网企业高质量发展。

第一节 计划管理

本节主要介绍了项目计划管理，涵盖项目范围、分类、需求申报流程、统筹原则、受理频度、统筹流程、投资规模及采购计划。详细阐述了流程的高效性、需求的快速响应和项目的分类管理，旨在保障电网数字化项目按计划顺利推进。

（1）电网数字化项目范围是什么？

电网数字化项目是指电网数字化领域内的咨询设计、开发实施、优化改造、更新升级、综合评估，数据资源接入、处理和应用，网络安全服务，数据产品购置等相关项目，范围涵盖基础设施、企业中台、业务应用、数据价值、全场景安全运行等。

本章节所涉项目为电网企业电网数字化专项，适用于电网企业总部数字化统一建设项目及省级电网企业（总部相关直属单位）自行建设项目，不适用于总部及各单位下属产业单位面向市场的产业投资类项目（见图7-1）。

图 7-1 电网数字化项目范围

（2）电网数字化项目如何分类？

电网数字化项目按照项目性质分类，一般分为咨询设计类、开发实施类、业务运营类、数据工程类、产品购置类等。

1）咨询设计类项目包括电网数字化领域的顶层设计、总体设计、专项研究等咨询和设计项目。

2）开发实施类项目包括信息系统（平台）功能设计和利用各类编程语言进行开发（含需求分析、系统设计和开发等工作），以及开发工作完成或购买套装软件后的配套安装、配置、调试和培训等工作的项目。

3）业务运营类项目包括以对系统运行、业务应用、用户行为等的常态统计分析为基础，开展系统优化改造、应用敏捷迭代、内容更新升级、网络安全服务、可研论证评估、后评估、绩效评估等相关工作的项目。

4）数据工程类项目包括对数据资源进行接入整合、加工处理和开发利用，通过数据分析挖掘实现数据价值的项目。

5）产品购置类项目是指支撑电网数字化建设的配套软硬件、数据产品购置的项目，主要包括机房基础设施、云平台建设、网络及安全设施、供应链及财务等管理类物联网关等。

（3）电网数字化需求申报的流程是什么？

各需求部门（单位）所申报的电网数字化项目需求须在电网数字化统筹及规划范围内。需求申报前要开展需求分析。需求分析应从业务现状、需求必要性、需求主要内容、实施范围和预期成果成效等方面开展分析。各单位数字化需求的主要来源有：本单位数字化规划（数字化转型登高行动）确定的重点任务；上级单位及本单位部署的数字化重点工作；专业提质增效、基层减负提效、服务地方政府等。

（4）电网数字化需求统筹的原则是什么？

总体原则是"统一规划、统一设计、统一建设、统一运维"的四统一原则，坚持企业级建设，打破专业壁垒。主要原则是严格执行电网企业统一技术政策，数字化建设必须遵循电网企业云平台、企业中台（含业务中台、数据中台、技术中台等）、智慧物联体系、数据模型、网络安全等统一技术路线要求，刚性执行架构设计，统一提供共性业务能力和数据服务，不符合电网企业统一技术路线不得开展建设。

电网企业严禁使用电网数字化专项以外的各类资金及其他费用新建信息系统（含移动应用、原有信息系统新增功能模块等软件开发），严禁以租赁等各种形式自行变相新建信息系统（含移动应用、原有信息系统新增功能模块等软件开发）。电网企业可利用各专项资金及各类成本资金开展在运信息系统的架构咨询、数据治理、业务运营、网络安全提升，以及终端购置、机房改造等工作，并按年度将相关投入统计数据抄送电网企业数字化部。

（5）电网数字化需求受理频度是什么？

电网数字化需求实行全年常态受理、批次集中审查机制，即各单位有需求可以随时向省级电网企业上报，省级电网企业数字化职能管理部门分批次组织集中审查。

（6）电网数字化需求统筹的流程是什么？

基层单位需求提报后的主要流程是本单位需求初审、省级电网企业专业部门审核、省级电网企业数字化职能管理部门评审、电网企业总部统筹；电网企业总部统筹通过后的流程是可研报告编制、可研评审、可研批复；可研批复后的项目纳入电网数字化项目储备。电网数字化需求统筹流程如图 7-2 所示。

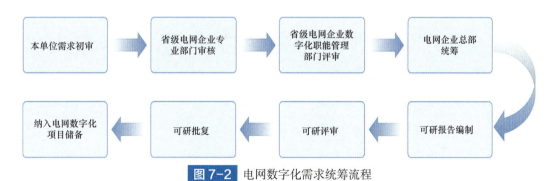

图7-2 电网数字化需求统筹流程

（7）电网数字化项目的投资规模如何划分？

电网数字化项目按照项目组织建设方式和投资规模，分为限上和限下项目。限上项目：电网企业总部统一组织建设的项目；单项投资在 1000 万元及以上的各单位独立组织建设项目；其他指定的重大项目。限下项目：除限上项目以外的其他项目。限上项目由电网企业总部数字化职能管理部门进行可研批复，限下项目由省级企业数字化职能部门进行可研批复。

（8）电网数字化项目采购申报批次和时间安排是怎样的？

按照电网企业物资采购计划安排，采购计划分批次安排，一般每年分为 6 个批次，在每个批次对应的项目计划申报截止时间前，要做好相关项目资料填报上传工作，并注意每个批次中项目申报的要点及要求，合理规划项目申报工作。

第二节　建设管理

本节概述项目建设管理，包括遵循标准化原则、组织建设方式、设计评审、测试、上线及验收流程，目标是确保数字化项目建设安全、规范，推动电网企业数字化项目成功落地，提高电网企业数字化建设水平。

（1）电网数字化项目建设原则是什么？

电网数字化项目建设应坚持标准化建设原则，按照统一功能规范、统一技术标准、统一开发平台、统一产品选型的要求开展。不符合电网企业技术政策及标准的项目不得开工建设。

（2）电网数字化项目的组织建设方式如何划分？

电网数字化项目按照组织建设方式分为电网企业总部统一组织建设项目和省级企业独立组织建设项目，实行分级负责。统一组织建设项目是指由电网企业总部统筹共性需求，统一提出建设要求，统一组织开展项目立项、建设等工作的项目；各单位独立组织建设项目是指按照电网企业总部统一要求，为满足个性化需求，由各单位独立组织开展项目立项、建设等工作的项目。

（3）概要设计评审流程是什么？

项目承建单位完成数字化开发项目的"概要设计说明书"并通过内部评审后，向电网企业数字化职能管理部门提交概要设计评审申请。数字化职能管理部门组织评审机构对概要设计进行评审，概要设计评审须从技术政策与架构遵从，与可行性研究报告批复、需求规格说明书等的符合度，数据完整性与一致性，系统扩展性、可靠性、安全性、易维护性、运行效率、技术合理性等方面进行审查，形成专家评审意见。项目承建单位根据评审意见完成概要设计的修改和完善，之后提交概要设计评审管理支撑机构审定后出具正式概要设计评审意见，报数字化职能管理部门，电网企业数字化职能管理部门对正式评审意见进行批复。

(4) 什么是安全防护方案评审？

信息系统建设单位应严格按照系统的等级保护定级情况，对照国家等级保护制度要求编制网络安全防护方案。由数字化职能管理部门组织网络安全专家开展评审，从边界安全、终端安全、主机安全、应用安全、数据安全、密码安全等方面开展评审，确保信息系统接入管理信息大区或者互联网大区安全可靠。评审通过后，由数字化职能管理部门出具安全防护方案评审意见。

(5) 什么是第三方测试？

第三方测试是在软件开发过程中，为了确保软件的质量、功能和性能符合预定的要求和标准，由独立于软件开发方和用户的测试组织进行的测试活动。信息系统上线前必须开展第三方测试，测试机构应具备与开展的测试类型相符的能力认证，并按照国家标准或电网企业标准出具测试报告，测试机构应对出具报告的真实性负责。信息系统运维单位（部门）应对照测试报告和现场部署实施代码的版本一致性进行核查。

(6) 什么是红线测试？

红线测试是以满足电网企业安全要求为底线，判断信息系统是否具备上线试运行的条件，包括数据遵从度、架构遵从度、运安符合度、功能满足度 4 个方面来进行评估确认，涵盖 17 项测试内容。包括数据遵从度测试项、互联网应用数据存储符合度、云平台部署架构测试项、系统核心部件满足 "$n-1$" 架构要求、信息系统与 ISC 集成、外网系统支持 IPv6 网络协议、通过第三方测试、通过安全防护方案评审、系统远程访问端口管理规范、基础平台软件版本管控要求、浏览器兼容测试项、S6000 监控接入、性能监测监控接入、I6000 监控接入、功能满足度测试项、压力测试项、安全督查评估项。红线指标采用一票否决制，全部满足即可上线试运行。

(7) 如何完成新建系统上线申请？

新建系统上线主要包括上线试运行申请及红线指标验证。承建单位完成新建系统安全及第三方测试、部署实施和联调测试后即可填写上线试运行申请单，移交相关上线文档。由运行维护单位（部门）开展红线测试，通过红线测试后，完成上线试运行申请单签字盖章流程及新建系统备案流程后，申报系统上线检修计划。通过检修接入I6000等监控系统后，即完成系统上线试运行申请，非电网数字化专项立项信息系统上线前须完成入网申请。

（8）什么是蓝线测试？

蓝线测试是以满足信息系统安全可靠为基础，通过上线试运行期间信息系统运行、应用的情况，判断信息系统是否具备正式运行条件，主要从运行可靠性、系统实用化、系统安全性、资源复用率4个方面来进行评估确认，涵盖24项测试内容。包括信息系统故障发生次数、信息系统缺陷数、应用程序服务运行状态、系统容错能力评估、系统恢复能力评估、信息系统功能完成数量、信息系统用户活跃数量、信息系统核心业务实用化、信息系统性能指数、信息系统接口调用响应时长、信息系统安装部署标准化工艺符合程度、信息系统易用性、账号权限安全评估、数据保密性要求、数据完整性要求、信息系统数据库表、字段业务描述与数据库设计说明一致性、数据可用性要求、系统监控配置评估、软硬件资源复用评估、是否已满足上线试运行稳定运行90天、压力测试评估项、信息安全测试评估项、安全督查评估项。蓝线指标采用量化评分制，评分达到80分以上后，即可完成上线试运行验收。

（9）如何开展电网数字化项目验收？

项目验收工作主要包括验收申请与受理、制定验收方案、项目审查、形成验收结论等内容。电网数字化项目完成合同规定的目标和任务，并经用户认可后，项目建设单位或承建单位方可提出项目验收申请。省级及以上数字化职能管理部门对验收申请进行受理，审核验收资料，确定项目是否具备验收条件。验收申请受理通过后，由数字化职能管理部门会同相关专业管理部门制定验收方案，确定验收方式，明确验收内容，制定验收计划，对项目的完成情况、实现功能和性能、质量控制、档案完整性、系统应用情况、技术政策遵从、数据质量、项目取得的成果及主要技术经济指标等进行全面总结和评价，并形成验收结论。

（10）如何开展数字化成果推广应用助力新型电力系统建设？

以数字化创新成果推广应用为主线，聚焦赋能、减负、降本、提效，围绕成果收集、筛选、推广、评价和激励五个方面，赋能电网高质量发展，加快数智化转型。以数字化创新为动力，构建智能电网，实现电力系统智能化、绿色化。利用 AI、数字孪生技术优化调控，强化新能源与储能，推动跨学科技术融合和人才培养，全面助力新型电力系统建设。

第三节　运行管理

本节主要介绍了信息系统的上线试运行、正式运行、检修及下线等流程知识。重点规范上下线流程、运维费用申请流程等，保障信息系统运行高效稳定。同时，说明了"双清"行动的目标、定义、问题反馈途径，更好促进信息系统深化应用。

(1) 信息系统上线试运行定义是什么？

新建信息系统上线是指信息系统或其部分功能模块在生产环境中完成部署，导入或产生生产数据对外提供服务的过程，根据信息系统的类型特点和上线需求，分为新建系统上线、大版本变更、小版本迭代（敏捷发布）和 App 上线四种形式。

新建信息系统指全新部署的稳态系统。大版本变更是指在原有信息系统上进行升级改造（包括核心组件、核心功能发生变化，开发平台变化，软硬件平台改造后迁移，安全架构变化等）。小版本迭代是指除大版本变更特征外，功能模块需快速迭代和敏捷发布的情况。App 上线是指 App 通过首次上架发布程序，对外提供服务的过程。

(2) 信息系统正式运行定义是什么？

新建信息系统在三个月试运行期内稳定运行，未发生停运及较大变更，承建单位即可填写上线试运行验收申请单，运行维护单位（部门）开展蓝线指标验证，评分达到 80 分即可完成上线试运行验收。上线试运行验收通过后，新建信息系统即进入正式运行状态，运行维护单位（部门）负责信息系统的安全运行责任。

(3) 信息系统检修工作指的是什么？

信息系统检修工作，是指根据运行工作需要，对信息系统进行部署、检查、维护、故障处理、消缺、变更、调试、测试、版本升级等工作。其主要包括检修计划管理、检修执行管理、临时检修管理、紧急检修管理和检修分析管理等工作。信息系统检修根据影响程度和范围分为两级检修，一级检修是指影响电网企业总部与三地数据中心、电网企业各级单位之间信息系统纵向贯通及应用的检修工作；二级检修是指未影响电网企业总部与数据中心、电网企业各级单位之间信息系统纵向贯通及应用的检修工作。一级检修须经电网企业总部信通单位审核后方可执行，二级检修需经电网企业二级单位信通单位审核后方可执行。

（4）信息系统下线流程有哪些？

信息系统下线前，由业务主管部门或运行维护单位（部门）提出下线申请，运行维护单位（部门）对系统下线进行风险评估并开展具体实施，运行维护单位（部门）根据业务主管部门要求对应用程序和数据进行备份、迁移或擦除、销毁。信息系统下线时应同步完成设备台账状态变更、业务监控接口与系统集成接口停运、账号权限和IP地址等资源回收，以及系统相关文档材料的归档备查工作。信息系统下线完成后报总部信息调度备案。

（5）信息系统运维费用申请流程是什么？

信息系统运维费用申请需要提前编制信息系统运维服务计划，运维服务计划的编制和申报应符合信息运行维护规定的运维对象与工作范围，按照《电网企业信息运维服务标准细则》中明确的运维对象、运维内容、工作量测算依据，编制运维服务计划，电网企业总部组织经研院对限上计划进行评审，各省级电网企业组织对限下计划进行评审并出具评审意见。各省级电网企业根据评审意见下达本单位信息运维服务计划，原则上在每年的四季度完成次年服务采购。

（6）"双清"行动的目标思路是什么？

"双清"行动是电网企业数字化职能管理部门组织开展的清除重复录入和双轨制专项行动，聚焦数字赋能减负、创新提效的目标，总体原则为遵循数据源头唯一、统一技术路线，围绕数据重复录入、功能重复建设、重建设轻应用等三个方面，通过动员基层提报问题，推动跨专业会商分析，推动常态、高频、核心问题治理。

（7）"双清"行动的定义是什么？

"双清"行动是清除重复录入和双轨制问题的简称。重复录入是指用户在不同数字化系统（包括电网企业统建系统、各单位自建系统）多次录入相同数据。双轨制是指用户在数字化系统线上和线下重复填报，甚至在线上流程结束后，再重复履行线下程序。

(8)"双清"行动问题反馈途径有哪些？

可通过 186 客服电话、内网邮箱、智慧客服 App、i 国网、门户网站等渠道反馈重复录入及双轨制问题。

第四节 合规管理

本节主要介绍了项目分包类型、管理职责，规范分包流程；说明了项目合规检查的要点，重点针对重点环节或常见问题；普及了软件正版化工作原则和员工软件使用行为要求，从多个侧面讲解了电网企业数字化合规管理内容。

(1) 电网数字化项目分包的主要类型有哪些？

电网数字化项目分包指的是数字化项目承建单位将其所承担的项目建设内容或劳务作业发包给其他单位完成的活动。电网数字化项目分包包括专业分包、劳务分包，如图 7-3 所示。专业分包是指承建单位将其所承建项目中的部分工作发包给具有相应资质专业分包单位完成的活动。劳务分包是指承建单位在实施项目时，为弥补项目建设人力不足，吸纳具有劳务分包资质企业安排的专业人员参与项目的开发、实施、运营等工作，共同完成项目建设的活动。

专业分包	劳务分包
承建单位将其所承建项目中的部分工作发包给具有相应资质专业分包单位完成的活动	承建单位在实施项目时，为弥补项目建设人力不足，吸纳具有劳务分包资质企业安排的专业人员参与项目的开发、实施、运营等工作，共同完成项目建设的活动

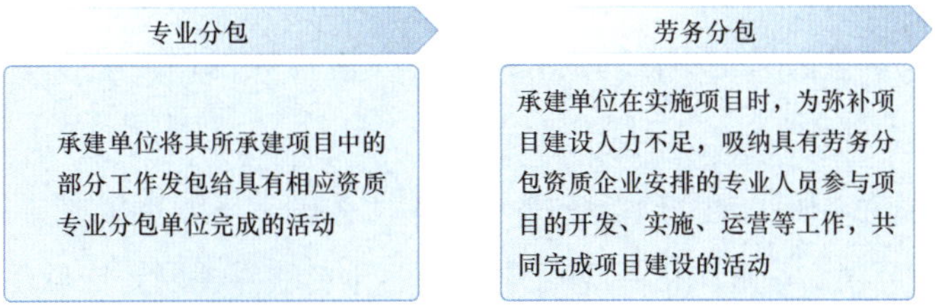

图 7-3 电网数字化项目分包的主要类型

(2) 电网数字化项目分包管理职责界面是什么？

项目建设部门负责项目建设管控中明确分包管理相关要求，负责项目分包管理监督。项目建设单位负责电网数字化项目分包工作监督、审查和管控，负责对承建单位提交的分包材料进行审核备案；负责对承建单位在项目执行期间提交的新增分包申请进行审批；负责对项目分包情况进行检查、评价和考核。在各项目建设单位各自备案基础上，信通单位负责各单位统建、自建项目统一备案。项目承建单位承担电网数字化项目分包管理主体责任，负责落实电网企业数字化项目分包管理要求，其中电网企业系统内部承建单位负责建立健全本单位电网数字化项目分包管理体系，建立分包单位资质审查、分包单位选择、现场准入、教育培训、考核评价等分包管理制度并组织落实。

(3) 电网数字化项目合规检查要点主要有哪些？

一是禁止使用电网数字化专项以外的各类成本资金及其他费用新建信息系统（含移动应用）（不含移动终端、感知终端等终端硬件购置）、禁止以租赁等各种形式自行变相新建信息系统。二是电网企业各单位新建信息系统（含移动应用）须经上一级主管单位相关专业部门和数字化职能管理部门审批，并向电网企业数字化职能管理部门备案，未经审批备案不得开展建设。三是针对统一组织建设项目、总部独立组织建设项目和各单位独立组织建设单项投资估算 1000 万元及以上项目，须由总部数字化部进行批复。四是计划下达时间不得早于可研批复时间，计划下达金额不得大于可研批复金额。五是招标采购工作应在可研批复及计划下达后开展，中标金额不得大于可研批复金额，计划下达后未招标项目，需提供情况说明。

(4) 软件正版化工作应遵循的原则是什么？

为加强电网企业软件正版化工作，切实增强知识产权保护意识和强化监管力度，软件正版化工作应遵循"统一管理，分级负责，流程规范，合法合规，合理配置，安全可靠"的原则。

正版软件是指具有合法授权，应用于台式计算机、笔记本电脑等办公计算机和服务器端的软件，可在许可范围内用于商业环境的免费软件视同正版软件。

(5) 电网企业员工哪些软件使用行为应予以禁止？

电网企业员工应具备知识产权保护意识，规范使用正版软件，抵制非授权软件，按照桌面终端"谁使用谁负责"、服务器端"谁管理谁负责"的原则，保证软件使用合法合规。下列行为（包括但不限于）应予以禁止：

1）下载并安装使用他人非法制作、销售的破解版软件；

2）使用破解工具或虚假激活码非法通过软件验证；

3）软件免费试用期或授权使用期逾期，未购买许可继续使用；

4）将未获得商用授权的软件用于商业用途；

5）软件的使用超出授权许可范围。

因违规使用发生侵权行为的，使用人应承担一切后果。

第八章　典型数字化场景

本章简要介绍了"电网一张图"场景、电力大数据场景、人工智能场景、其他数字技术应用场景等4个大场景下的典型数字化场景建设案例，从实际工作应用的角度，阐述了电网企业数字化建设的突出进展，体现了数字化建设共同推动电力企业的高效、智能、透明化转型，展现了数字化技术在提升电力服务质量和运营效率上的巨大潜力。

第一节　"电网一张图"场景

"电网一张图"是实体电网在数字空间映射的重要载体，是电网生产、运行和经营业务数字化的基础性支撑。通过打造"时间－空间－状态"多维度、"规划－建设－运行"多时态的"电网一张图"，推动业务模式创新和流程重构，进一步赋能基层一线。

电网企业整合现有电网资源业务中台及"电网一张图"各项开放能力，建立健全一套完整的运营管控体系。通过预置功能控件，实现页面快速定制；建设能力资源可视化看板，多维度反馈服务、应用建设情况；通过场景纳管，实现一方建设，全域复用，持续提升需求转化能力，强有力地支撑各类典型数字化应用场景建设。

8.1.1　变电站"线上巡检"场景

1. 背景介绍

"变电站现场环境复杂，人工巡检效率较低"。变电站地点分布不一，且环境错综复杂，运维人员到达现场路途遥远且巡检工作耗时费力。另外，运维人员执行巡检任务需到变电站现场，无法远程精准掌握变电站设备运行状况，基层员工线上巡检需求迫切。

"变电站巡检任务繁琐，巡检报告手动编制"。现场巡检时需要运维人员对变电站内设备逐个进行监测，耗时费力，且存在遗漏风险。另外，巡检工作完成后需要人工手动编制巡检分析报告，工作效率低下。

2. 变电站"线上巡检"创新实践

（1）建设思路。

基于"电网一张图"开展变电站"线上巡检"作业，图上叠加变电站三维模型，运维人员无需到现场便可线上直观查看站内设备运行、气象环境、视频监控等情况，并自动生成巡检分析报告。

（2）预期目标。

丰富变电站巡视手段，实现电网设备重点区域不间断"线上巡视"，有效降低运维人员劳动强度和作业风险，辅助支撑变电站精准运维。

（3）业务做法。

1）站内设备"线上巡视"。建立变电站三维模型，对站内设备按比例建模复制，同时对现场设备叠加设备台账以及运行信息，支持员工线上操作对现场设备信息查看，实现设备运行状态及参数"一览"，基层人员不必在抵达现场后查看变电站设备运行情况，大大提高基层人员的巡检效率。站内设备"线上巡视"业务如图8-1所示。

图8-1 站内设备"线上巡视"业务

2）现场情况智能监控。接入变电站内摄像头监控视频，调用人工智能平台安全作业、设备缺陷识别模型，对变电站内进行24小时不间断智能监控，发现设备缺陷、违章作业等情况及时预警，预警信息实施推送变电站运维人员，辅助工作人员精准运维。现场情况智能监控业务如图8-2所示。

3）设备环境精准预警。接入变电站微气象数据，通过分析现场降雨量、积水高度以及设备传感器所采集的温度、湿度等现场环境信息，提前预警设备问题，降低设备故障发生概率，协助工作人员预判设备隐患，及时做好设备维护工作。设备环境精准预警业务如图 8-3 所示。

图 8-2 现场情况智能监控

图 8-3 设备环境精准预警

4）巡检报告一键生成。对变电站设备运行、环境信息、视频监控、辅助监控等数据进行分析，一键生成巡检分析报告，全面掌控巡视场景内设备运行状态，识别潜在设备危险，支撑工作人员快速掌握现场巡视情况。巡检报告一键生成业务如图 8-4 所示。

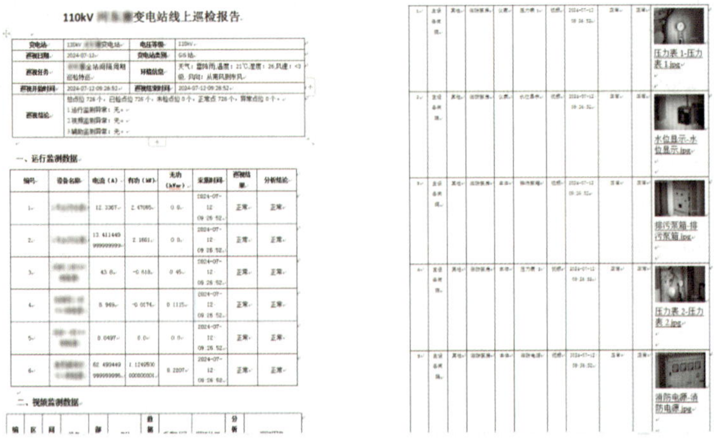

图 8-4 巡检报告一键生成业务

3. 成效亮点

1）一键巡视，提升站室巡视效率。原巡检模式主要为人工现场作业，手工记录，定期例行巡检。线下巡视作业不包括路程往返时间至少需要花费 20～30 分钟的时间，而"线上巡检"仅需 3～5 分钟即可完成。

2）一键分析，提升安全管控能力。调用人工智能平台，对设备缺陷、违章作业等进行 24 小时不间断智能监控，发现问题第一时间预警。根据一线班组反馈数据统计，远程实时监控率达到 94%，现场违章率降 21%。

3）一图尽览，巡检报告自动生成。巡检完毕后，可自动生成涵盖设备运行、视频监控、辅助监测等 9 项指标、94 个视频监控点位的巡检报告，全面掌控站内设备运行状态，辅助支撑工作人员精准运维。

8.1.2　供电所微应用赋能基层减负增效

1. 背景介绍

日常工作中存在供电所员工使用各个系统时需多次查找功能、来回切换查数据的不方便，营配专业协同较差、内外勤班组多头指挥易混乱，服务风险难以分析、重点用户感知不足难以达到服务优质、供电所设备状态呈现、95598 工单管控不直观不能更好地与所内其他专业相关工作结合等问题。

2. 供电所微应用赋能基层减负增效创新实践

（1）建设思路。

锚定"数字赋能、基层减负、提质增效"目标，坚持问题导向、需求导向，立足全网赋能、跨融结合、作业变革，以数字化手段为供电所一线员工减负提效。依托电网资源业务中台和数据中台开展"电网一张图"供电所微应用场景建设，激活数字引擎，推动供电所图上查询、图上作业和图上管理能力建设，推进营配专业业务协同，全面支撑供电所作业能力和管理水平提升。供电所微应用业务架构和应用架构如图 8-5 和图 8-6 所示。

（2）预期目标。

以"电网一张图"为核心，整合供电所电网拓扑，融合营销、运检、采集系统数据，利用数据中台的查询、处理、服务功能，支持台账数据展示，调用量测中心接口，依托统一服务、数据共享、分析，实现业务融合。一是在静态一张图上融合运行数据，助力供电所轻松可视化掌握设备运行状态，打造动态"电网一张图"。二是将分散在多

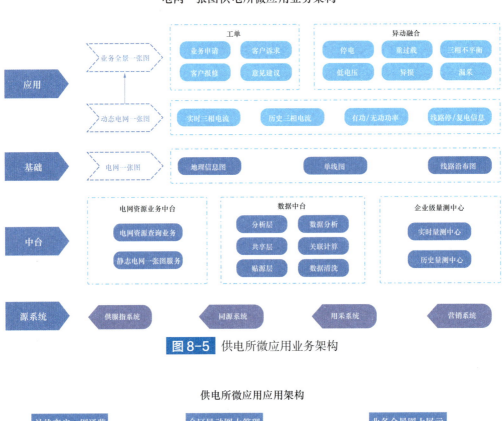

图8-5 供电所微应用业务架构

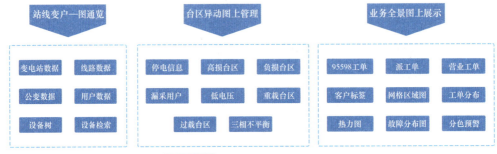

图8-6 供电所微应用应用架构

个系统的设备异动等业务融合在动态"电网一张图"上，直观、动态反映供电所大小事务，打造业务全景一张图。三是在业务全景一张图叠加展示工单热图、重点用户标签，便于自主分析、提前感知并防范服务风险。

（3）业务做法。

1）图模数据动态更新。地理沿线图和10kV线路单线图站－线－变－户拓扑关系数据统一来源于同源维护系统，保障图模数据的实时更新和准确性，源端设备档案变更后，图模数据保持同步更新。网格数据自主维护。开发网格信息管理工具，明确供电所台区经理服务范围和责任，使管理片区设备、客户网格化，便捷维护网格基础数据。

2）设备管理按图索骥。依托电网资源业务中台"电网一张图"地图服务能力，以供电所为管理单元智能构建地理沿线图和10kV线路单线图，直观展示供电所辖区站 – 线 – 变 – 户拓扑关系。基层人员通过点选设备或模糊搜索两种方式，最多点击三次即可精准查询到所需设备，随时掌握设备基础情况。

3）运行数据实时接入，配网异常实时管控。融合线路与台区侧的电压、电流、有功、无功等实时运行数据，以供电所为管理单元，实时直观展示设备异动情况。设备状态一目了然。打造停电、低电压、三相不平衡、重载、过载、高损、负损、采集失败共计8类异动实时及历史数据分析场景，在图上用颜色实时标记设备状态，快速发现配网线路、台区停电情况，支撑供电所开展停电研判及抢修工作。

4）配网工单图数联动，标签用户可观可查。在动态一张图的基础上，融入供服指（供电服务指挥）、营销业务工单数据，形成业务流与数据流的融合，全面辅助基层工单所业务开展。标签用户全面掌握。基于自定义标签结果数据，在一张图上标记重要及敏感客户位置。当线路、台区发生停电时，能直观看到该线路上停电敏感用户，查看用户编号、过往拨打95598热线等信息，便于业务人员第一时间做好客户沟通工作，精准响应客户诉求。

3. 成效亮点

应用"电网一张图"供电所微应用场景，一个季度其供电所发起主动抢修工单199条，其中台区低压侧停电9条，台区配变停电190条，同比减少47.3%和5.4%，工单完成率100%；异常判定时间缩短53%、故障巡线时间减少32%，故障抢修平均到达现场时间同比减少20分钟，平均故障修复时长同比下降33.3%，异常台区整治率达到100%；标签用户功能和营销网格功能也为基层员工提供了便利，大大提高了所内人员的办公效率。

8.1.3 配网运行方式仿真分析应用场景

1. 背景介绍

随着新型电力系统的快速发展，配电网逐渐从单向无源向多元有源网络演变，运行方式日益复杂，局部区域存在电压越限，光伏倒送等风险，对配电网安全稳定运行构成威胁，同时各业务系统存在贯通能力不足、数据分析智能化不高、数据价值挖掘不充分等问题，亟须提升数字化水平。配网运行方式仿真分析应用场景业务架构如图8-7所示。

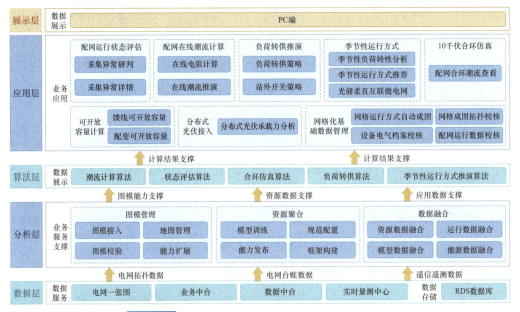

图8-7 配网运行方式仿真分析应用场景业务架构

2. 配网运行方式仿真分析应用创新实践

（1）建设思路。

依托"电网一张图"构建配电网计算推演应用，基于配网拓扑结构、各类设备参数以及现有量测数据，利用计算推演，模拟网络中节点和支路的运行状态，完成实体电网在"电网一张图"上的动态呈现和仿真推演，解决配网运行中的实际问题。

（2）预期目标。

结合电网企业在数字化转型方面的要求，明确了推进配网"数智化"发展、构建数字化系统结构体系、构建"中台化、开放式"信息系统、加强配电网基础数字化转型、增强配电网实用业务数字化转型等5个配网数字化发展方向。

（3）业务做法。

结合"电网一张图"开展配网的异常采集研判、潮流计算、阻抗计算、光伏台区可开放容量分析、负荷转供推演。

1）配网异常采集研判场景。通过"电网一张图"配网拓扑结构、配变历史电压、电流和功率数据，以及配电自动化开关数据，对系统中运行数据进行评估，实时构建数据补足模型，补全潮流、支路阻抗等计算所需的量测数据，对配网不良数据进行检测和辨识，识别采集终端的有功功率异常、无功功率异常、电流异常、电压异常等，按照冗余量测的准则，将不完整、不精确的节点数据进行补全，输出为完整精确的可靠数据，形成配网异常研判单线图。配网异常采集研判场景展示如图 8-8 所示。

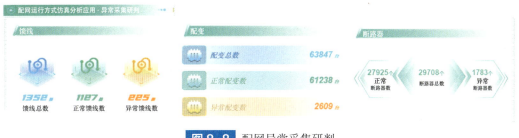

图 8-8 配网异常采集研判

2）潮流计算场景。应用潮流计算的算法，从线路末端（应用用电信息采集配变量测数据）向变电站首端（应用调度变电站出线量测数据）逐段推算功率，从变电站首端向末端推算电压，反复迭代直至收敛，得出各节点电压和各支路电流、功率。

3）阻抗计算场景。按照断路器位置对线路进行分段，结合潮流计算技术，利用配电自动化开关量测数据，根据首末端功率电压状态估计结果，分别计算分段线路的电阻、电抗、电导和电纳，研判电阻是否存在异常，检测是否存在漏电隐患等问题。

4）光伏台区可开放容量分析场景。根据"电网一张图"的静态数据、异常采集研判的动态数据，以及网络拓扑结构，建立仿真模型，结合电网企业发布的配网承载力评估导则，计算馈线、配变的可开发容量，以电压不越限、倒送不重载为约束条件，在新能源高渗透背景下，研究电网承载新能源的能力，并结合潮流计算，评估配电网中馈线和光伏台区的剩余容量。

5）负荷转供推演场景。"电网一张图"具备调度自动化和配电自动化系统的实时量测数据，基于"电网一张图"，结合配网分段拓扑结构，明确转供路径和联络点，构建线路转供联络模型，利用智能化负荷转供策略获取最优解，从而提供最优转供方案。

3. 成效亮点

配网运行方式仿真分析应用场景通过异常采集研判、潮流计算、阻抗计算、光伏台区可开放容量分析、负荷转供推演等模块建设，能够全面提高配网的运行管理水平，确保电网稳定可靠运行。通过这些模块的集成和协同工作，可实现对配网运行状态的全面监测与精准分析。

1）实现了配电网设备的异常识别和运行状态估计，可分析和定位潜在的设备故障范围，为全网潮流计算，支路阻抗计算以及负荷转供等仿真提供实时数据。

2）评估馈线的电气特性和性能，识别潜在的电气隐患，提高电能传输效率，降低损耗。

3）评估配电网的运行状态，为电网规划、优化运行和故障排查提供依据。同时为配网作业人员现场操作提供重要参考，加强配电网智能调度能力，提高计划检修和抢修效率。

8.1.4　分布式光伏可观可视场景

1. 背景介绍

随着分布式光伏装机规模的持续提升，区域电源结构、负荷特性、网架结构、调控方式等不断变化，部分地区出现调节能力不足、反送功率受限、电压偏差过大等问题，由此亟须基于"电网一张图"的分布式光伏可观可视应用，用以辅助开展分布式光伏发展趋势分析、业扩报装、异常处理等决策参考。

2. 分布式光伏可观可视场景应用创新实践

（1）建设思路。

依托数据中台的数据分析能力、业务中台的数据服务能力和"电网一张图"的地图服务能力，基于营销2.0的分布式光伏用户档案数据构建分布式光伏发展分析模型、设备图层、热力图和散点图，实现分布式光伏发展趋势分析和时空联动展示；基于新一代用电信息采集系统中分布式光伏台区和发电户的电流、电压、功率等量测数据，实现分布式光伏出力监测、台区正反向重过载分析和发电户过低电压分析，以及异常台区和用户图上展示，整体为地市供电公司、县级供电公司和供电所提供场景化数据支撑。

（2）建设目标。

基于调度系统的变电站档案数据、PMS3.0的线路档案数据和配电自动化系统的典型日负荷数据，实现变电站、馈线和配变三个层级的分布式光伏接入可开放容量计算分析，辅助分布式光伏业扩报装方案决策。基于气象服务平台的气象数据，以及分布式光伏用户和台区的历史运行数据、分布式光伏出力预测数据，实现台区正反向重过载、光伏用户过低电压日前预测和预警，并在图上展示，辅助配网和营销专业提前准备预案，有效提升光伏台区供电质量和服务满意度。

（3）业务做法。

1）制定分布式光伏发展趋势感知和运行状态感知场景。基于数据中台融合新一代用电信息采集系统、生产管理系统和电网运营数据，进行数据关联分析和聚类分析，基于实时量测中心的实时数据进行实时监测，并基于电网一张图实现图上数据展示，搭建覆盖市、县、所站三个层级的分布式光伏发展趋势感知和运行状态感知场景。

2）在技术和产品设计上进行创新，在技术方面采用潮流计算校核提升分布式光伏接入电网可开放容量的准确性，采用统计分析法提升趋势分析的准确性，在产品设计方面通过电网一张图提升数据的时空关联性。

3）采用共享方式和权限控制策略，通过权限拆分使场景应用人员可按照岗位智能匹配相应的数据查询范围，实现应用场景对电网企业范围内市、县、班所三级人员的定向推送。分布式光伏可观可视场景技术架构如图8-9所示。

图8-9 分布式光伏可观可视场景技术架构图

3. 成效亮点

（1）丰富数据展示，助力精益管理。

通过对低压分布式光伏发展趋势和运行状态进行智能监测及告警预警，综合计算站、线、所三个层级的光伏接入可开放容量，并基于电网一张图呈现时空关联数据，全面赋能电网企业分布式光伏管理工作。

（2）直接感知异常，提升服务能力。

低压分布式光伏发展趋势和运行状态智能感知场景覆盖市、县、所三个层级，观测低压分布式光伏规模发展过程及趋势，监测光伏配电台区负载异常和光伏用户电压异常，辅助提升光伏台区供电质量和服务满意度。

8.1.5　停电模拟分析场景

1. 背景介绍

随着电网规模的不断扩大，接线也越发复杂，电网运行中面临的故障和风险也在逐步增多。传统的故障处理主要依靠经验丰富的人员进行人工分析，效率低、响应速度慢、定位不准确等问题时刻困扰着抢修工作人员，难以满足现代社会对电力供应的高可靠性需求。急需在"电网一张图"系统中引入停电模拟分析功能，通过模拟停电事件，自动分析停电影响范围，提前制定应急预案，提升电网的应急响应能力。

2. 停电模拟分析创新实践

（1）建设思路。

基于"电网一张图"原生功能，整合多种数据形成电网拓扑结构，利用人工智能和机器学习算法，构建停电模拟的数学模型。通过模拟停电，自动分析停电的影响范围。同时，通过数据可视化和交互技术将停电模拟结果直观展示在"电网一张图"上，支持用户查询和制定应急响应方案。

（2）预期目标。

系统能够基于电网的实时运行数据和设备状态，快速构建停电模拟场景，预测可能的停电事件及影响范围。同时，通过高精度的模拟算法，系统能够详细分析停电事件对电网各环节的影响。基于模拟结果，系统能够自动生成应急响应预案和抢修方案，指导运维人员迅速采取措施，减少停电损失并尽快恢复供电。

（3）业务做法。

1）数据集成与整合。从多个业务系统（如量测中心、环境中心等）收集电网的设备状态信息、电网网架、实时运行数据、地理位置数据等。对收集到的数据进行清洗并整合，形成统一的电网数据模型。

2）数字化映射与建模（见图8-10）。利用地理信息系统（GIS）技术，将电网的物理结构和设备状态以数字化的形式映射到"电网一张图"上，形成电网的拓扑结构，利用人工智能和机器学习算法构建停电模拟的数学模型。

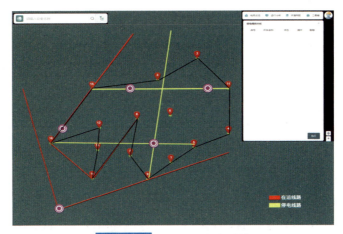

图 8-10 数字化映射与建模

3）数据可视化与交互技术。将停电模拟结果以可视化的形式展示在"电网一张图"上。允许用户查询详细信息、调整模拟参数，制定应急响应预案。

3. 主要成效

通过停电模拟功能，实现停电影响范围自动分析，并支持进行区域性全量的深入分析，相较以往人工分析用时缩短 85%，有效保证停电影响设备及用户分析的准确性，辅助快速制定停复电合理方案，为主、配网的事故预案分析、重要保电任务提供模拟预演平台。

第二节 电力大数据场景

电网企业充分发挥"数据赋能＋技术创新"双引擎驱动力，全力打造高质量数据应用产品，打造了"数据赋能"系列成熟的产品，提升企业业务管理水平，为支撑政府决策、彰显企业担当搭建了格局更大的、沟通更畅的展示平台。

在运营体系方面，实现省地一体化运营，在平台支撑方面，建成能源大数据应用支撑平台，打造统一的数据资源与技术底座，支撑电网企业各专业、各单位应用创新；在数据服务方面，强化外部数据需求统筹，推动能源、经济、政务等各类外部数据按需接入形成系列高价值数据产品，持续发展，建成"算力""数力"和"智力"一体化的能源大数据中心基础底座，平台实现高效运营，能源数据产品体系持续拓展，扩大产品规模，挖掘能源数据价值，充分赋能电网企业专业发展、基层创新与对外服务。

8.2.1 "光伏台区反向重过载"场景

1. 背景介绍

加快推进屋顶分布式光伏建设，是优化调整能源结构、保障能源安全、节约土地资源，引导居民绿色能源消费的重要举措。近几年，随着技术进步和成本下降，屋顶分布式光伏装机增长迅猛，但部分地区存在配电变压器超容量接入问题，给供电安全和电能质量带来一定影响。如何快速、精准定位反向重过载光伏台区，已成为阻碍屋顶分布式光伏科学有序发展的重要因素。为确保供电安全、供电质量，基于数据技术，高效解决分布式光伏超容带来的安全隐患，立足"直面需求、数据共享"原则，对于超容台区进行光伏用户切改、超容接入筛查、配网升级改造等工作任务，完成"光伏台区反向重过载"场景打造，解决光伏台区超容量接入问题。"光伏台区反向重过载"场景如图 8-11 所示。

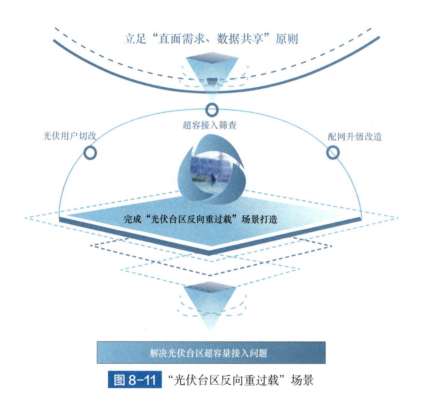

图 8-11 "光伏台区反向重过载"场景

2. 光伏台区反向重过载创新实践

（1）建设思路。

基于数据运营服务平台建设部署光伏台区反向重过载场景，设定异常接入判定规则［台区已接入光伏容量过大：各级电网主变（配变）所接入的光伏容量若超过设备额定容量的80%，则判定台区变压器超容量接入异常］，全面监测辖区内光伏台区，随时获取辖区内超容接入光伏台区信息，辅助供电所便捷、高效查询、摸排反向重过载光伏台区。

（2）预期目标。

通过快速、精准定位反向重过载光伏台区，掌握分布式光伏负荷情况，实时监测光伏台区，各工作组结合数据赋能基层应用，实现快速、精准定位反向重过载光伏台区，对超容台区进行光伏用户切改、配网设备升级改造等以确保区域供电安全，提升供电质量。

（3）业务做法。

收集各区县分布式光伏电站的接入数据，包括光伏板容量、发电量、接入点等信息。整合电网运行数据，如负载情况、变压器容量、线路承载能力等。利用大数据分析和机器学习算法，对收集的数据进行分析，识别超容接入的光伏台区。利用地理信息系统和智能算法，精准定位超容台区的具体位置。对超容台区进行深入诊断，分析超容原因，如光伏用户过度接入、配网设备老化等。根据诊断结果，制定针对性的整改方案，包括光伏用户切改、配网设备升级改造等措施。对于超容台区，实施光伏用户切改，合理分配光伏发电负荷，避免过度集中接入。对配网设备进行升级改造，提高变压器和线路的承载能力，适应光伏发电的接入需求。在整改过程中，实时监测电网运行状态和光伏发电情况，确保整改措施的有效性。根据监测结果，动态调整整改方案，确保供电安全和电能供给质量。配电自动化与同源系统如图8-12所示。

图8-12 配电自动化与同源系统

3. 成效亮点

（1）智能筛查。

"光伏台区反向重过载"场景目前已应用于光伏台区反向重过载专项排查工作中，经过多轮核验，场景准确性达 99%，可实现快速、精准定位异常台区，智能化筛查等。智能筛查页面如图 8-13 所示。

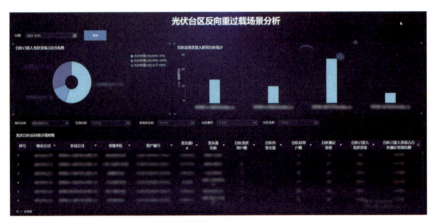

图 8-13 智能筛查页面

（2）一键定位。

"光伏台区反向重过载"场景可通过一键定位切改台区，缩短一线人员筛查异常台区时间约 1.5 小时 / 人天，极大降低了基层人员开展光伏台区反向重过载排查工作的难度，工作效率和工作质量稳步提升。合理均衡调配电网资源，助力屋顶分布式光伏科学有序安全发展。

8.2.2 "数业人"三位一体管理场景

1. 背景介绍

聚焦当前基层供电所业务人员不足、年龄结构老化、移动作业不便、专业任务繁多、多源数据分析处理能力较弱等问题，"数业人"三位一体管理场景依托省级电网企业数据中台和基层数据服务专区，围绕基层痛点问题和实际业务需求，运用数字化手段推动供电所日常管理业数融合从而实现智慧运营、减轻工作负担，提高工作效率，供电所智慧运行新模式（见图 8-14）应运而生。

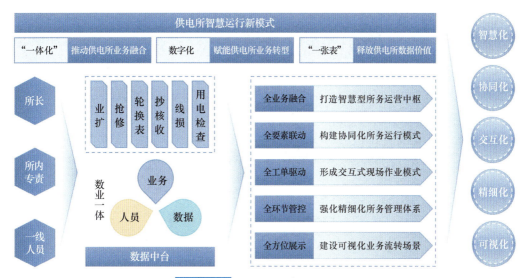

图 8-14　供电所智慧运行新模式

2."数业人"三位一体创新实践

（1）建设思路。

打造所务智慧运营中枢，构建协同化所务运行模式，推进现场作业交互化、所务管理精细化、业务流程可视化，融合"数据＋业务＋人员"三个核心，依托数据中台与基层数据服务专区，以数字技术和数据要素驱动，打造"数业人"三位一体系列管理场景，促进数据主人制应用落实，深度赋能线损、电费、业扩、计量、安全生产等业务数字化。

（2）发展目标。

1）打造"数业人"体系，赋能管理提升。通过推进供电所数据、业务、人员一体化融合协同（见图 8-15），全景化监测、分析、评估供电所业务与资源，全面强化关键业务、多数据源调用业务、复杂数据分析业务等分析重点的关联展示分析业务能力，

图 8-15　"数业人"一体化协同机制

有效推动运营管理关口前置，精准把握客户用电需求，显著提升业务处理效率。

2）构建数智场景，赋能业务运营。明确业务主体岗位职责，细化数据应用粒度，建设完善所长、专责、台区经理三级管理，线损、电费、业扩、计量、安全生产五大专业数字化业务场景（见图8-16），助力解决管理滞后、工作低效等问题，提高展示能力，有效支撑业务融合监测分析、异常智能研判处理。

图8-16 "三级管理 + 五大专业"日常应用场景

（3）业务做法。

以线损应用指导线损分析精准化。依托数据中台，汇聚线损数据，构建线损异常原因分析模型，辅助供电所开展线损异常治理工作。以电费应用推动电费管理精益化。围绕电费异常监测，构建电费异常原因分析模型，实现电费管理的信息交互共享、数据快速分析。以计量应用助力计量运维高标准。针对计量工作实际，构建分级、分类、分时的计量装置运行状态监测分析指标体系，实现异常问题的自动监测分析与主动预警告警，并以可视化场景展示，提升计量设备运维工作质效。以安全应用保障安全生产可持续。聚焦危害设备安全运行典型问题，梳理形成异常台区研判规则与重点监测台区清单，实现异常情况及时了解。以业扩应用实现报装工作可视化。搭建可视化业扩全流程指标看板，通过数据测算台区可开放容量，提升客户报装需求处理效率。

3. 成效亮点

1）供电所线损分析定位与治理所需平均时间由30分钟缩短至1分钟，异常定位准确率高达90%，月均损失电量减少约1.6万千瓦时，在线损管理提质增效方面发挥了良好的作用。

2）供电所档案治理所需平均时间由原来的一周缩短至一天，异常定位准确率高达98%。工作人员通过异常指标能够迅速发现问题并通过业扩流程对问题档案进行整改，档案治理进度较原来提升了 70%。

3）计量异常指标异常定位准确率高达 98%，辅助工作人员迅速发现问题并通过源端系统对问题档案进行整改，档案治理进度提升 90%；减少基层人员系统切换与数据筛选调用操作，将计量异常数据查询、计算的时间由 20 分钟缩减至 1 分钟，提高效率约 95%。

4）影响安全生产的重点事件自动监测告警，影响安全生产指标准确度提升至 91%，大幅提高基层人员的现场核实问题准确度，减少不必要的巡视次数，极大提高了基层人员的安全生产现场核查工作效率。

5）供电所关注业扩指标的综合展示，将异常指标准确率提升至 96%，辅助业扩专责快速发现并定位业扩业务异常，使异常问题解决效率提高了 93%，基层工作人员对系统操作由原来的 10 分钟减少至 1 分钟。

8.2.3　居民电压质量智能感知场景

1. 背景介绍

根据优化营商环境和提升客户服务满意度工作要求，地市电网企业、县级电网企业及供电所高度重视居民电压变化情况、低电压监测等工作。与此同时，营销专业人员开展居民电压质量监测分析过程中，在取数、分析上仍然存在困难，缺乏综合数据支撑，需要跨营销、设备、调度等多专业的业务系统，具有工作量大、重复性高、周期性强、效率低下等特点，急需应用大数据技术为基层减负提效赋能。

2. 居民电压质量智能感知场景创新实践

（1）建设思路。

依托数据运营服务平台的基层数据服务专区，基于数据中台的数据分析能力，将新一代用电信息采集系统量测电压曲线共性数据集，在数据中台建立居民低电压监测模型，搭建覆盖市、县、所三个层级的居民电压质量智能感知场景，围绕不同层级居民低电压分布、累计时长、低电压成因等情况，应用帆软报表和 BI 工具进行监测、分析和展示，为地市电网企业、县级电网企业及供电所提供量化数据支撑。

（2）预期目标。

应用居民电压质量智能感知场景监测市、县、所三个层级的居民低电压的整体情况，并对地市、县区、乡镇的每天低电压用户变化趋势进行智能监测及预警分析，并科学研判低电压发生的原因，制定低电压治理总体措施及改造方案，有效提升电压治理工作效率，稳步提升客户服务满意度。

（3）业务做法。

1）数据中台数据授权建模。申请数据中台营销客户档案数据、设备档案数据、采集量测数据及相关设备运行数据。筛查电压异常用户每 15 分钟的用户数据对其进行存储建模，根据异常类型对低电压用户和过电压用户模型进行分类筛查统计。同时利用异常电压用户数据、采集设备运行数据进行关联分析并形成设备运行状态数据模型。

2）利用数据中台数据集成工具，将异常电压数据模型及设备运行状态数据模型向 RDS 业务库集成同步，并利用 RDS 业务库对相关存储模式对业务模型进行数据拆分（分表）。

3）利用 FineReport 设计工具结合 RDS 业务库数据，分别设计居民电压质量智能感知用户 UI，并为市、县、所各级人员分别开发定制化展示界面，搭建市、县、所三级电压感知场景。

4）将各层级业务场景挂载到数据运营服务平台，结合平台权限管控能力实现场景对各层级人员的定向推送。居民电压质量智能感知场景技术架构如图 8-17 所示。

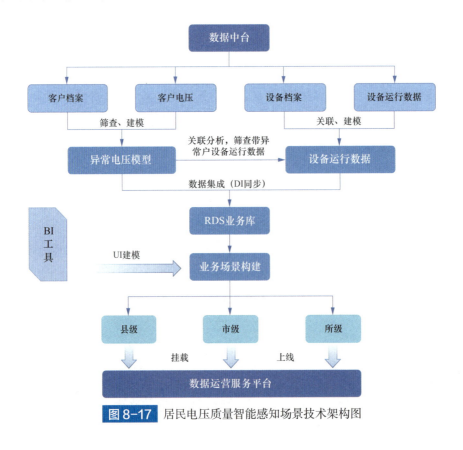

图 8-17 居民电压质量智能感知场景技术架构图

3. 成效亮点

1）直观展示数据，助力精益管理。通过对居民低电压用户变化趋势进行智能监测及预警分析，综合研判市、县、所三个层级的居民低电压发生的原因，针对性制定区域居民低电压治理措施及改造方案，全面赋能电网企业电压管理工作。

2）直接感知异常，提升服务能力。居民电压质量智能感知场景覆盖市、县、所三个层级，将电压异常监测从配电台区向低压客户进行延伸，可以监测不同层级居民低电压的整体情况，实现居民电压异常的直接感知，减少因电压质量引发的客户诉求。应用居民电压质量智能感知场景，2024年春节期间某供电单位整体实现供电服务零投诉、工单同比下降45.7%，稳步提升客户服务满意度。

8.2.4 基于数据中台的电力看冬奥区域经济发展场景

1. 背景介绍

电网企业作为冬奥会电力保障单位，为赛区的冬奥场馆提供清洁能源输电通道保障，秉承着"绿色、共享、开放、廉洁"的办奥理念，承担着地区冬奥赛区电力保障的重任，更承担着服务地区经济社会发展和建设新型电力系统地区级示范区的职责使命。

2. 电力看冬奥区域经济发展创新实践

（1）建设思路。

围绕新型电力系统和能源互联网建设，结合电力数据地域覆盖面广、行业分类全、数据颗粒度细、实时性强的特点，立足电力数据分析应用视角，服务地区经济社会发展，彰显电网企业社会责任，助力建设具有中国特色国际领先的能源互联网企业战略目标的实现。

（2）预期目标。

基于用电量、业扩报装数据，洞察出电力数据与宏观经济波动具有一致变化趋势，参考统计学时间序列因素分解方法，创新构建电力经济指数模型，通过电力数据多维度分析和展示冬奥会拉动区域经济情况，以及带动旅游消费、冰雪产业等相关产业发展态势，从而更好地支撑冬奥电力保障。

（3）业务做法。

1）构建指数模型。电力经济指数构建参考统计学时间序列因素分解方法，将电力经济指数分解为用电波动指数和用电增长指数，其中用电波动指数作为季节变动因素、循环变动因素、不规则变动因素的综合，用电增长指数代表长期趋势因素。

2）数据分析应用。通过电力经济指数分析冬奥区域经济发展、旅游经济发展，冰雪产业发展，分析各行业的经济情况与经济势头，助力政府决策提供数据支持。

3）可视化展示。对于电力看冬奥区域经济发展数据分析结果，完成大屏的设计、开发和实施，形成对应的可视化大屏展示，可视化展示效果场景如图8-18所示。

图8-18 可视化展示效果场景

3. 成效亮点

基于数据中台开展的电力看冬奥区域经济发展场景，形成的数据分析应用成果一定程度上为冬奥会拉动区域经济提供详尽全面的数据支撑，实现电力大数据价值最大化，是主题鲜明、内容丰富、数据价值发挥较高的数字化建设应用成果。

1）管理效益。电力看冬奥区域经济发展数据分析应用围绕电网企业数字化建设，充分挖掘数据价值，输出可视化展示、专题报告等成果，是数字化转型的创新实践，从数据支撑角度更好的辅助电网企业保障服务冬奥会。

2）经济效益。结合电力看冬奥区域经济发展主题场景或冬奥相关舆情热点，根据业务需求定期或者不定期出具数据分析报告。报告结果明显反映冬奥带动当地经济发展和产业结构调整的演化过程，提供产业结构转型升级的成效数据支撑，辅助政府部门掌握产业发展变化趋势和区域产业发展成效，优化主导产业布局发展规划，是数据应用产品对外服务的有效手段之一。

3）社会效益。电力看冬奥区域经济发展数据分析成果反映出电力大数据的社会价值，这种基于电力大数据针对当前其他社会热点焦点事项开展数据分析应用的方法值得借鉴，电网企业立足电力视角服务政府和社会，彰显央企责任和担当，当好电力先行官。

第三节 人工智能场景

通过引入人工智能技术，结合电网业务特色，电网企业建设完成无人机智能巡检和立体化智慧电力安全监防等场景，显著提升了电网的智能化运维水平和安全防护效率。

人工智能技术出现革命性突破，要加快人工智能在电网企业应用，实现电网设备的智能巡检、故障诊断和预测性维护，提高运维效率，降低成本。通过源网荷储协同，实现资源的合理分配和优化调度，提高能源利用效率。提供智能客服，24小时不间断服务，提升客户满意度。推动电网企业向更加智能化、自动化的方向发展，提升整体运营水平。人工智能将为电网企业带来更高的效率和更好的服务，推动电力行业持续创新和发展。

8.3.1 立体化智慧电力安全监防场景

1. 背景介绍

承德塞罕坝是国家三北工程的重要区域，习近平总书记视察塞罕坝时作出了"防火责任重于泰山"的重要指示。电网安全稳定运行是森林草原防火的关键一环。

塞罕坝地域广袤，坝上地区气候多变、信号盲区多，极端天气频发。相应的火灾隐患预警手段滞后。主要存在预警精准度低、实时性差等问题，火灾隐患预警不到位极易引发火灾事故。

作业监控手段覆盖不全。电力作业现场点多面广，设备运行环境复杂，危险点多，现有的监控手段存在覆盖不全的问题，无法对每一个作业现场进行无死角全程监护。对无人机的飞行轨迹和飞手的操作有极大的要求和挑战，炸机风险极大。

2. 立体化智慧电力安全监防场景创新实践

（1）建设思路。

面对复杂的作业及设备运行环境，融合多项数字化技术，构建塞罕坝区域立体化智慧电力安全监防体系，对提升人员及电网设备安全水平，维护塞罕坝区域的生态文明建设，守护"绿水青山就是金山银山"起到了至关重要的作用。

（2）预期目标。

以北斗技术为基础，融合"数字孪生、AI人工智能、智能监控巡检、智慧隐患研判"等技术，自主研发"空天地"协同智慧电力安防平台，在塞罕坝区域构建了3个体系（电力设施火灾隐患预警体系、作业安全防护体系、无人巡检设备监防体系），实现预防隐患、发现隐患、解决隐患高效率、高性能的智慧电力安全监防功能，全力提升人员及电网设备安全水平，筑牢塞罕坝森林草原防火安全防线。

（3）业务做法。

1）基于北斗构建森林草原防火预警体系。运用"北斗厘米级定位＋数字孪生技术"，激光雷达采集塞罕坝区域电力网的点云数据，在云端1∶1搭建"塞罕坝"数字孪生模型，环绕输配电线路自动绘制出电子围栏，建立火灾隐患隔离区；运用"3D深度摄像＋AI多模态＋RAG智慧研判"等技术，视频采集电子围栏周围物体的三维坐标，并与边界值进行数据比对，当判断障碍物已进入火灾隐患隔离区时，迅速调出障碍物视频画面，并及时判断风险隐患等级，智能分析运维辅助决策，形成最佳解决方案，提醒运维人员及时处置火灾隐患。电力设施火灾隐患电子围栏布设如图8-19所示。

图 8-19 电力设施火灾隐患电子围栏布设

2）构建作业现场中人与设备三维立体安全防护体系。将作业点位导入数字孪生模拟仿真引擎进行三维建模，通过人工智能自动识别两票信息后，绘制出工作地段安全区域的北斗高精度电子围栏。应用北斗智能终端，当作业人员或机械离开安全区域时，系统通过对北斗定位信息的研判，触发终端和平台双向预警，提醒其回到安全区域，实时监控作业人员和机械的动态点位，保障人员及电网安全。同时结合视频监测技术，实现作业现场人员和设备的可视化功能，实时监控作业人员的位置。作业现场电子围栏布设如图8-20所示。

图8-20 作业现场电子围栏布设

3）构建无人巡检设备与输配电线路的智能监防体系。塞罕坝区域的无人机自动化机场、通道可视化等典型三维智慧场景应用广泛，但坝上极端天气频发，对无人机巡检水平要求极高。在实景三维模型上划定电力设施安全区域电子围栏，结合建模数据和卫星气象数据，智能研判无人机与电力设备的距离和风险等级，当无人机接近安全边界时预警，实时通知操作人员进行巡检轨道纠偏，避免距离带电设备过近，引发炸机事故或损坏电力设施的风险。巡检无人机电子围栏布设如图8-21所示。

图8-21 巡检无人机电子围栏布设

3. 主要成效

解决了以往需要人工完成的大量环境分析和隐患排查工作问题，大大节省了人力物力和时间成本，真实反映了作业现场及周边环境信息，实现了人员及设备安全、森林环境防火信息等全天候24小时的实时联动更新，全面保障塞罕坝地区电网安全稳定运行，对京津冀区域新能源送出和绿色发展至关重要。

2024年上半年，有效触发人员及机械作业预警128次，规避现场违章行为35次；有效触发塞罕坝森林草原火灾隐患预警900余次，精准清理线下树障600余次；有效触发无人机巡视越限预警 32 次，有效防止无人机飞行事故 3 次。塞罕坝地区未发生人身及电网安全事故，筑牢了一道森林草原防火的安全屏障。

8.3.2　人工智能与无人机融合场景

1. 背景介绍

针对人工和传统无人机巡视存在效率低、巡检质量低等问题，构建输变配无人机网格化自主巡检模式，实现全天候跨专业协同作业、业务全过程线上管控、开展隐患缺陷智能识别等功能应用。

2. 人工智能与无人机融合创新实践

（1）建设思路。

电力立足实际业务应用需求，赋能业务提质和基层减负，聚焦无人机巡检"采、传、判"全环节，推进人工智能技术全链路嵌入输变配巡检业务流程，全面提升图像采集、数据传输、算法模型识别等服务能力，实现无人机巡检图像的"精准采、实时传、智能判"。

（2）预期目标。

构建输变配无人机网格化自主巡检模式，通过无人机网格自主巡检实现全天候跨专业协同作业、业务全过程线上管控，帮助提升隐患缺陷智能识别效率。

（3）业务做法。

1）基于无人机机场实现网格化自主巡检。通过部署固定式机场，在无人工干预的情况下，无人机可自主开展起飞、巡检、降落、充电、数据上传等工作，网格化自主巡检功能如图 8-22 所示。

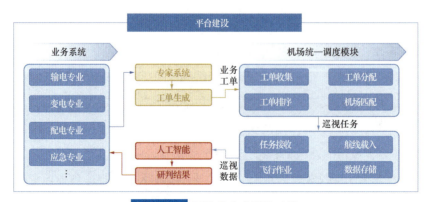

图 8-22 网格化自主巡检功能

2）基于数字化专家系统实现任务自动下发。构建各专业运维策略专家系统，自动下发任务工单，实现业务管理繁琐流程的自动化。

3）基于人工智能实现巡检结果智能识别及分析。针对输变配各专业设计人工智能缺陷识别算法，并将结果回传业务系统实现缺陷闭环管控（见图8-23）。

图 8-23 巡检结果智能识别及分析

3. 成效亮点

完成4套机场部署，覆盖13条输电线路、4座变电站、61条配电线路，无人机自主巡检覆盖率达93.6%，隐患处理及时率提升39%，外破及山火预警及反馈时长缩短65%。已开展87万余张图像智能识别，实现缺陷识别率提高52%。

8.3.3 "柔直换流站 AI 智检管家"应用场景

1. 背景介绍

随着柔直换流站技术的广泛应用，电网企业对运检工作的质量和效率提出了更高要求。传统运检方式存在设备故障预警和诊断能力不足、现场作业智能管控能力不足等问题。为解决以上问题，电网企业着力打造"柔直换流站 AI 智检管家"，旨在提升运检质效，以满足电网企业数字化转型的发展需求。

2. "柔直换流站 AI 智检管家"创新实践

（1）建设思路。

创新建设"端侧模态融合感知、边侧数理融合计算、云侧人机融合决策"的端边云协同人工智能计算体系，搭建业内规模最大、模型最丰富的电力人工智能计算平台，完成"柔直换流站 AI 智检管家"作业视觉管控和运检语义辅助功能建设。同时，利用智能监控系统，对作业现场进行全方位、全天候的监控和管理。"柔直换流站 AI 智检管家"建设思路如图 8-24 所示。

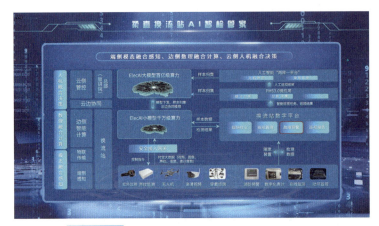

图 8-24 "柔直换流站 AI 智检管家"建设思路

（2）预期目标。

通过 AI 技术的应用，实现换流站设备故障的智能预警和精准诊断，提高故障处理的及时性和准确性。实现作业现场全面管控，确保作业安全、高效进行。将 AI 技术与电网业务深度融合，推动换流站运维管理的数字化转型，提升整体运维水平和智能化程度。通过智能化管理，实现资源的优化配置和高效利用，降低运维成本，提高经济效益。

（3）业务做法。

1）作业视觉管控。首创基于分布式多终端协同、多模态融合、多目标跨镜头的直流全场景数字视网膜应用，创新研发换流站运检视觉模型，构建可见光摄像头、红外、巡检机器人、无人机等多视觉终端协同计算架构，支撑设备缺陷、作业行为、环境隐患等全景视觉智能分析（见图 8-25）。

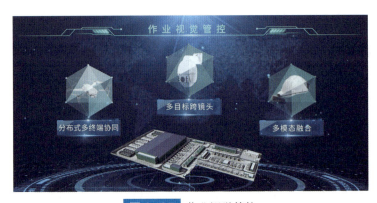

图 8-25 作业视觉管控

2）运检语义辅助。创新应用生成式 AI 技术，建设完成语义问答模型，培育"精业务、懂交流"的"数字员工"。此外，对换流站运规、设备指导手册、故障案例、保护定值等基础文档开展深度学习和精调标注，将直流运检经验数字化沉淀，赋予模型直流运检思维能力。

3. 成效亮点

"柔直换流站 AI 智检管家"通过创新应用生成式 AI 技术，实现了换流站设备故障的智能预警和精准诊断，大幅提升了运检质效。同时，基于分布式多终端协同、多模态融合、多目标跨镜头的直流全场景数字视网膜应用，增强了现场作业的智能管控能力。此外，该项目还推动了人工智能等数字技术与电网业务的深度融合，累计申请发明专利 44 项，编写标准 18 项，相关技术经鉴定达到国际领先水平。

8.3.4　基于流程机器人（RPA）的电表自动召测场景

1. 背景介绍

在当今高度自动化的电力系统中，电表召测作为数据采集的关键环节，对于电力供应的稳定性和效率具有重要意义。随着智能电网的不断发展，电表数量急剧增加，传统的手动召测方式已无法满足大规模、高效率的数据采集需求。因此，迫切需求研发一个针对电表召测的**流程机器人（RPA）**（见知识拓展 27）程序来提升电力系统管理效率。采集 2.0 系统首页如图 8-26 所示。

图 8-26　采集 2.0 系统首页

2. 流程机器人（RPA）创新实践

（1）建设思路。

自动化召测流程设计，深入分析现有电表召测流程，识别出可以自动化的环节，如批量发送召测命令、数据解析等，设计 RPA 程序的操作流程，确保覆盖所有关键召测任务，并优化召测流程，减少不必要的步骤，提高召测效率。

系统集成与测试，将 RPA 程序与新一代用电信息采集系统进行集成测试，确保数据召测的顺畅和准确。在模拟环境中进行全面的测试，验证 RPA 程序的正确性和稳定性。

异常处理与日志记录，配置 RPA 程序以识别和处理召测过程中的异常情况，如网络中断、电表故障等。同时，实现详细的日志记录，便于后续分析和审计。日志记录应包括召测时间、电表 ID、召测结果等信息，以便于对召测过程进行追溯。

（2）预期目标。

降低运营成本提升召测效率，RPA 程序接管重复性和机械性的召测工作，减少人工成本，长期来看，运营成本得到有效控制。场景确保新系统能够实现对所有接入电表的自动、实时、准确召测，减少人工干预，提高数据采集效率。

（3）业务做法。

流程自动化开发。分析现有的电表召测流程，包括召测命令的发送、数据的接收和处理等环节，识别出可以自动化的环节进行设计开发，依托 RPA 技术优化整体流程，实现最少时间消耗和最高效完成。

设定召测规则和逻辑。根据规则修改电表参数的错误项，进入采集任务管理（见图 8-27），根据规则启用相关任务；在召测过程中，RPA 程序能够自动识别并修正电表参数错误，如电压、电流等数据异常；RPA 程序能够根据设定的规则，进入采集任务管理，启用相关任务，确保召测任务的准确执行。

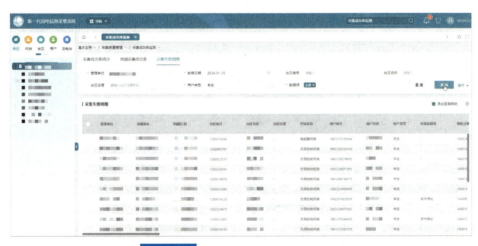

图8-27 采集 2.0 系统——采集管理

异常处理与日志记录。确保 RPA 程序能够自动识别并记录召测过程中的异常情况，包括电表通信失败、数据解析错误等，并通过详细的日志记录所有召测操作，包括召测时间、电表 ID、召测结果等信息，以便于后续的审计和分析。

3. 成效亮点

（1）显著提升召测效率。

避免了由于操作较为复杂，且数据量较大，长时间工作导致的失误，减少人工操作所需的时间，提升数据采集的效率。

（2）有效降低运营成本。

该业务单次人工时长为 30 分钟 / 次，RPA 执行时长约为 20 分钟 / 次，工作效率提升至 1.3 倍，无需人工时刻监控，节省了人力成本。

8.3.5　基于流程机器人（RPA）的安全管控深度应用场景

1. 背景介绍

安全督查中心是安全管控体系的重要组成部分，其职责是对管辖范围内的作业现场进行远程监督和管控，确保作业的安全性和合规性。目前，中心主要依靠安全生产风险管控平台、监控屏和现场视频设备来执行这些任务。然而，这些传统方法存在一些局限性，如工作量大、重复性强、监管效率低等问题，需要员工占用大量时间对任务作业的状态进行跟进。作业现场安全管控需安全督查人员每日远程完成监督（见图 8-28），但由于安监人手有限，监管工作量大，监管人力严重不足，易产生监管疏漏。

图 8-28　安全风险管控监督平台 - 作业管控模块

2. 流程机器人（RPA）创新实践

（1）建设思路。

提升数据监控与处理能力，研发并实施 RPA 流程机器人，实现数据的自动化抽取、筛选和核查，确保全天不间断监控与数据精确性，优化监控流程。

提高作业效率与流程优化，释放人工在重复性、机械性工作上的负担，使工作人员能够专注于更复杂、关键的任务。

优化监管体系效能，通过深度应用 RPA 技术来开发安全管控场景，确保监管的全面性和准确性，从而实现全天候的高效监控。

（2）预期目标。

通过 RPA 机器人的深度应用，大幅提升安全监督管控的效率，减少因人工操作导致的延迟和错误，接管重复性和机械性的工作任务，降低对人力资源的依赖，减少人力成本，并且增强监控质量进一步实现安全管控工作的自动化、智能化，提高工作效率和质量，同时推动整个安全管理体系向数字化、智能化方向发展。

（3）业务做法。

场景开发程序研发。设计和开发基于 RPA 的安全监管流程，确保覆盖所有关键监控点。实施 RPA 解决方案，实现对监管数据的自动化收集、处理和分析。

安全规则与逻辑设定。制定详细的安全规则和逻辑，确保 RPA 机器人在执行监管任务时遵循相关安全标准。配置 RPA 机器人以识别和处理异常情况，保障监管活动的连续性和稳定性。

实时监控与日志记录。利用 RPA 机器人实现实时监控，确保监管活动的实时性和有效性。定期审查和分析日志数据，以便及时发现潜在风险和问题，为持续改进监管流程提供依据。

3. 成效亮点

（1）成本节约效率提升。

将 RPA 机器人应用到安全督查中心后，平台作业实施资料和准备资料自动监控由 30 分钟／次提高到 5 分钟／次，提升工作效率 5 倍。平台工器具数据质量及超期未送检自动告警由 5 分钟／次提高到 1 分钟／次，工作效率提升 4 倍。

（2）流程优化。

RPA 流程自动化技术通过实时监测安全风险管控监督平台的数字化安全管控指标，实现了对视频监控设备绑定、在线状态、作业资料上传以及安全督查覆盖情况的自动化核查，数据抓取选择最优路径，有效精简工作流程。

8.3.6 基于流程机器人（RPA）的95598重复致电工单自动分析场景

1. 背景介绍

95598工单处理方式存在局限性，往往仅针对表面问题进行响应，而未能深入挖掘并从根本上解决工单背后的核心问题，导致服务质量仍有待进一步提升。此外，系统间的数据隔离现象严重，跨系统数据汇总与分析能力不足，使得工作效率低下。当前的工作模式复杂且耗时，亟须通过技术手段进行简化和优化，以减少对人力资源的依赖。

2. 流程机器人（RPA）创新实践

（1）建设思路。

数据整合与预处理，将95598服务热线产生的各类数据进行整合，包括但不限于客户来电记录、工单处理情况、客服人员服务记录等。通过RPA技术，自动收集并预处理这些数据，确保数据的一致性和可用性。

自动化数据分析，利用RPA流程机器人自动执行数据分析任务，针对重复致电的工单进行深入分析。机器人将识别数据中的模式，如频繁出现的问题类型、客户投诉的热点区域等。

监控与预警，建立RPA监控机制，优化"人工持续监控屏幕"式的工作方式，对潜在的投诉意向进行预警，帮助员工提前介入并解决问题，从而减少客户投诉和不满。

（2）预期目标。

场景围绕数据整合、智能识别、自动分析以及反馈改进等方面展开，旨在提高服务效率与质量、降低重复致电率、提升数据分析能力、完善信息管理系统并推动智电网优质服务发展。95598系统综合查询流程如图8-29所示。

图8-29 95598系统综合查询流程

（3）业务做法。

建立 RPA 监控机制。确定监控的关键指标和参数，如客户满意度、工单处理时长、重复投诉次数等；开发 RPA 脚本，实现对上述指标的自动化监控；设定监控频率，确保数据的实时更新和监控。如，在 95598 系统综合查询模块——省远程工单查询页面（见图 8-30），通过 PRA 脚本运行，工作人员可以方便地查询和跟踪工单的处理状态，从而提高处理效率和客户满意度。

图 8-30 省远程工单查询页面

优化监控流程实现预警信息分发。取代传统的"人工持续监控屏幕"方式，通过 RPA 机器人自动执行监控任务；制定预警信息分发策略，确定哪些人员需要在何时收到何种预警信息；通过邮件、短信、即时通信工具等方式，将预警信息及时发送给相关人员。

设定查询规则和逻辑。确保在电能表自动对时场景中，能够自动获取异常数据，处理多次对时失败的情况，并自定义运行时间，以提高流程的智能化程度。

搭建汇总报告框架。RPA 机器人自动汇总生成统计报表，包括各地区重复致电的明细数据，为日报编制提供依据；并且利用 RPA 生成的统计表格和数据，自动化填充日报模板，快速完成当日日报的编制工作。

3. 成效亮点

1）自动化分析。实现工单数据化分析，形成多维度标签库，为用户画像建立及各类数据透视分析做辅助支撑。

2）RPA 技术进行自定义刷新监测，发生异常后通过短信平台进行实时预警，提升工作效率。该业务单次人工时长为 6 小时 / 次，RPA 执行时长约为 20 分钟 / 次，一年大约可节省人工 340 小时。

8.3.7　基于流程机器人（RPA）的电表自动对时场景

1. 背景介绍

为确保电力系统实时数据采集的一致性，提升电网运行效率和可靠性，并增强电网事故分析与稳定控制的能力，统一的精准时间系统在电力系统的故障诊断、监控控制以及运行管理中扮演着关键角色。电网企业电表数量庞大，在采集系统中手动逐个校准问题电表时既耗时又费力，因此迫切需要引入自动化技术来简化员工的日常任务，减轻其工作压力。

2. 流程机器人（RPA）创新实践

（1）建设思路。

提升对时效率与准确性，研发并实施 RPA 流程机器人，实现电表时间的自动化校准，通过 RPA 机器人与标准时钟源的无缝对接，确保电表时间与标准时间同步，减少人为误差。

优化对时流程，分析现有电表对时流程，识别可自动化环节，设计 RPA 机器人的对时操作流程。释放人工在重复性、机械性的对时工作上的负担，让工作人员能够专注于电表维护和管理等更重要的任务。

提高数据采集一致性，利用 RPA 机器人批量处理电表对时任务，确保所有电表数据采集时间统一。通过自动化对时，减少因时间不一致导致的数据分析误差，提升电力系统运行数据的可靠性。

（2）预期目标。

提升电表计量的精度和实时性，以增强服务质量，有效减少因时间偏差引起的计量争议和对人力资源的依赖。推进电表对时作业向智能化和自动化转型，巩固电力系统运行的稳定性和数据采集的可靠性。

（3）业务做法。

流程设计与开发，基于 RPA 技术设计和开发电表对时流程，确保覆盖所有必要的对时任务和环节，流程将包括自动抽取电表时间数据、与标准时钟源比对以及执行校准操作。

时间同步规则设定，制定详细的时间同步规则和逻辑，确保 RPA 机器人在执行对时任务时，能够准确判断电表时间偏差，并按照预设规则进行校准。

RPA 解决方案部署，实现对电表时间的自动化收集、校准和分析，确保 RPA 机器人能够与电表管理系统和标准时钟源无缝对接。采集 2.0 系统校时执行结果页面如图 8-31 所示。

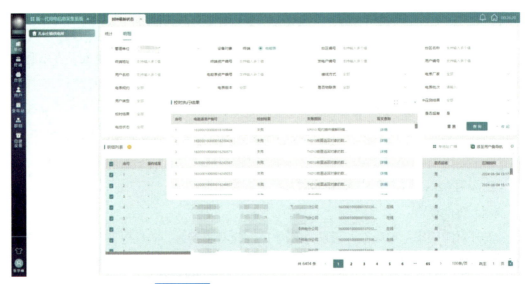

图 8-31 采集 2.0 系统校时执行结果页面

3. 成效亮点

1）提升对时效率。RPA 机器人能够快速完成电表对时任务，相比传统人工操作，对时效率显著提升，减少电表时间校准所需的时间，提高电能数据的准确性，同时减轻采集主站的对时压力。

2）提升员工满意度，此项工作时间从原来 1 人 3 小时工作时间缩减至 0 人 1.5 小时，流程实现全自动运行无需人工辅助，将员工从烦琐的对时工作中解放出来，可以专注于更有价值的工作，提高了工作满意度和工作效率。

第四节　其他数字技术应用场景

汇集 i 国网台区移动作业、e 物资、AI 助手等典型 i 国网应用场景，为员工构建方便、快捷、高效的移动端实用化办公工具，赋能基层一线生产办公减负增效，营造全员共同参与的"数字文化"氛围。

通过引入北斗、5G与无人机自主巡检,"光储互动",数字孪生等新技术的应用场景,提升自动化运维效率,进一步降低能源投入成本和运营成本,实现电网运行管理智效提升。

8.4.1 i国网台区移动作业应用场景

1. 背景介绍

基层现场作业管理面临信息化覆盖不足、管理粗放低效的问题,且复杂的现场作业环境易产生安全隐患。此外,优质服务对供电所的管理责任、效率、业务流转和数据精准性提出了更高要求。因此,加强农电和现场作业的信息化管理,确保作业安全与效率,成为电网企业的重要任务。

2. i国网台区移动作业应用创新实践

(1)建设思路。

i国网台区移动作业应用基于i国网平台建设,主要运用大数据分析技术对台区运行情况开展智能化分析,汇聚台区特征属性,构建台区模型,全面掌握台区运行状况,实现台区信息在移动终端展现,直观展示台区线损指标情况,包括台区状态监视、一键诊断、安全风险管控等多维度指标信息。

(2)预期目标。

实现台区经理全流程线上处理业务,提高工作效率;通过移动作业终端实时感知客户诉求,提升服务质量;推动供电所管理、生产、营销服务等业务的数字化转型,建立更高效、更严谨的供电所作业新模式;同时,利用数据分析与智能诊断功能,实现台区设备的智能化运维。

(3)业务做法。

1)台区状态监视:采用大数据分析技术对台区进行智能化分析,汇聚台区特征属性,构建台区模型,全面掌握台区运行状况(见图8-32)。运用数据可视化技术实现台区信息在移动终端的应用,以图形化方式直观展示台区信息、客户信息查询、台区指标、台区异常诊断,以及台区重过载、台区三相不平衡等指标数据。

图 8-32 台区状态监视

2）一键诊断：通过智能化分析，在台区基本情况中展示异常诊断分析和诊断结果，台区经理可以快速定位台区线损异常问题所在。同时，在台区基本情况中展示线损异常类型，并在诊断报告中提出运维建议。通过异常诊断单功能，把该台区异常信息进行汇总，点击诊断单的异常数可以查询明细情况，方便快速定位异常用户。一键诊断功能如图 8-33 所示。

图 8-33 一键诊断功能

3）安全风险管控：通过搭建"计划管控、风险管控、现场管控、成效评价"的闭环管控体系，对业务的全过程闭环管控；通过推行"全员资信管理""持证上岗管理"和"安全考核管理"，对人员全面管控；通过"互联网+"，串联"人员"和"业务"两条主线，管理体系的强化执行，对安全风险精准日管控。

3. 成效亮点

i国网台区移动作业应用极大地提高了基层供电所作业效率，实现了工单快速处理与现场实时响应，工单处置率提升10%。同时，有效减轻了基层员工负担，节约了时间成本，移动补抄工作效率整体提升60%以上。此外，还促进了服务质量的提升，客户诉求处理等待时间平均减少约10分钟，增强了客户体验，为电力服务的数字化转型奠定坚实基础。

8.4.2　i国网e物资应用

1. 背景介绍

随着数字化转型的深入推进，传统物资管理依然是线下模式，流程烦琐，耗时长，并且物资统筹管理困难，各环节透明度低，已难以满足高效、精准、智能的管理需求。为了提高物资管理效率，降低管理成本，电网企业建设并推广"e物资"移动应用，旨在实现物资信息的数字化、网络化、智能化管理，为电网企业的物资供应链提供有力支撑（见图8-34）。

图8-34　e物资应用首页

2.i国网e物资应用创新实践

（1）建设思路。

整合物资专业移动应用，构建基于移动端的物资管理系统。涵盖计划采购、合同管理、仓储配送等多个环节，形成统一的物资管理门户。e物资业务功能如图8-35所示。以用户需求为导向，简化操作流程，同时保障物资管理数据的准确性和完整性。

图8-35 e物资业务功能

（2）预期目标。

提升物资管理效率与供应链协同能力，优化用户体验，实现物资业务移动化、智能化处理，进一步推进电网企业数字转型建设。

（3）业务做法。

1）物资信息查询：支持实时查询各类物资的基本信息、库存情况、采购进度等，为决策提供及时准确的数据支持。

2）计划采购管理：支持物资计划的编制、审核、下达等功能，确保采购计划的合理性和有效性。

3）合同管理：用户可在线进行合同的签订、审批、变更等操作，提高合同管理的规范性和效率。

4）仓储配送管理：支持对物资入库、出库、盘点等操作的在线管理，确保物资管理的准确性和及时性。

5）供应商管理：用户可以对供应商的基本信息、交易记录、评价等进行管理，为供应商的选择和合作提供参考。

3. 成效亮点

通过 e 物资应用建设推广，物资管理流程更加规范、高效，大大减少了人工操作和数据录入的工作量，物资检测周期压缩 50%。e 物资应用减少了纸质文档的使用和存储成本，同时有利于优化资源配置，提高服务水平，增强风险防控能力，保障物资供应链的稳定性和安全性。

8.4.3　i 国网 AI 助手使用场景

1. 背景介绍

供电所均分布在各乡镇，主要进行线路维护服务、停送电服务、抄表、电费收取等工作。供电所员工主要由内勤员工和外勤员工组成，不仅需要做好设备巡检、隐患治理、换表接电和故障抢修等工作，还要兼顾线损管理、数据统计及供电服务等各项指标任务，且部分工作需要水印相机拍照、纸质记录留痕等。日常工作中，内勤员工经常遇到一些看似简单但耗费大量时间和精力的工作，例如在编写会议纪要的过程中，首先需要将会议全程录音，其次会议结束后逐句辨别发言内容，最后转写成会议纪要。外勤员工作业时，因缺少办公内网环境，工作环境相对恶劣，针对现场违章行为、配电线路隐患等手机图片无法直接传到办公内网系统，需要将资料通过外网电脑导入到内网 U 盘，再拷贝至办公内网电脑，整个过程相对较烦琐，工作实效性低，经常发生漏记、误记各项记录和工作事项等情况。

2. i 国网 AI 助手创新实践

（1）建设思路。

i 国网 AI 助手是基于 i 国网与人工智能、电网业务深度融合的应用，融合了移动化、智能化、实时化、内外网协同等技术手段的移动端实用化办公工具。应用 i 国网 AI 助手的语音转写功能，可以选择语音转写功能的离线转写或者实时转写，实现对会议记录的录音智能分析转写和说话语音的实时转写，便捷转写成会议纪要。应用 i 国网 AI 助手的图片传输，可以将图片文件传输至已配置好的内网邮箱中，实现等图片快速传输至办公内网系统。

（2）预期目标。

提升会议记录工作效率。应用 i 国网 AI 助手的语音转写功能，大幅提升工作效率，实现会议内容快速记录、历史留痕。贯通内外网通道便捷办公。应用 i 国网 AI 助手的图片传输功能，通过内外网协同技术，实现现场违章行为、配电线路隐患等手机图片一键发送到内网邮箱。i 国网 AI 助手如图 8-36 所示。

图 8-36 i 国网 AI 助手

（3）业务做法。

1）语音转写功能。离线转写主要服务于会议记录的录音分析等场景。进入 i 国网 AI 助手，点击"语音转写"应用 1 后，通过点击右下角的上传文件图标 2，在弹出窗口中上传录音文件 3，在排队等待以及转换进度条完成后，自动开始离线文件转写 4。离线转写功能操作如图 8-37 所示。

图 8-37 离线转写功能操作

语音转写的实时转写主要服务于会议录音现场记录等场景。进入"语音转写"应用后，点击"麦克风"图标1进入实时转写页面，此时开始录制语音；通过点击右下角的"暂停"按钮2可随时暂停或继续语音录制；录音完成后，点击右下角的"对钩"按钮3可完成实时转写，可在页面4对转写内容进行智能优化，并可通过右上角的编辑、复制或发送邮件按钮5编辑、复制文本，或将转写后的文字内容一键发送至内网邮箱。实时转写功能操作如图8-38所示。

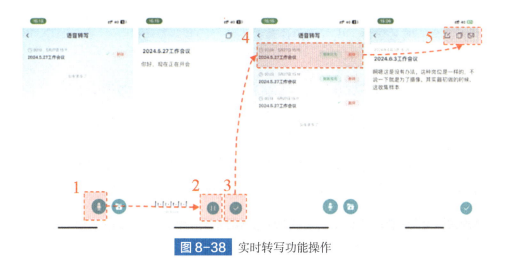

图 8-38 实时转写功能操作

2）图片传输功能。进入i国网AI助手，点击"图片传输"1应用后，通过点击左上角的"点击上传"2，在弹出窗口中选中上传图片文件3，点击弹出窗口右上角的"确定"4，等待返回图片传输界面，点击右下角的"发送邮箱"5，弹出消息提醒弹窗，点击"确定"6，可将图片文件传输至已配置好的内网邮箱中。图片传输功能操作如图8-39所示。

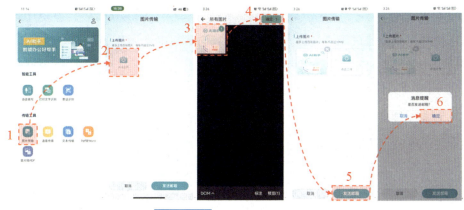

图 8-39 图片传输功能操作

3. 成效亮点

（1）提升语音转换效率。

应用 i 国网 AI 助手语音转写功能，可以对离线语音文件进行离线语音转写，也可以支持会议现场录音的实语音转写，便于快速记录、准确提报或提炼会议纪要，会议记录整理时间缩短至 10 分钟以内，显著提升语音转换效率。

（2）解决照片传输难题。

应用 i 国网 AI 助手的图片传输功能，能够将移动端拍摄的现场照片在 1 分钟内传输到内网邮箱，有效解决了内外网照片传输不便等问题。

8.4.4 "光储互动"的县域新型电力系统样板间场景

1. 背景介绍

以"光储互动"为核心的智慧储能运行样板间是依托数字化技术构建源网荷储一体化新型电力系统的探索和示范。统筹电力系统感知和连接，融合数字系统计算分析能力，实现分布式光伏就地消纳。

2. "光储互动"创新实践

（1）建设思路。

基于电力物联网、云计算、边缘计算、大数据计算，构建分布式光伏智慧运行三大场景。采用 5G 通信、高速电力线载波（High-speed Power Line Communication，HPLC）数据采集和智能融合终端容器技术实现低压台区分布式光伏"四可"管控，进行配电网终端全自动化覆盖以实现全量数据采集，建立负荷监测和动态响应体系，实现削峰填谷需求动态响应。

（2）发展目标。

建设高电压等级可调负荷以及储能设备双向参与电网调节的运行新模式，实现设定区域内电力、电量平衡。在主变中、低压侧建立柔直通道，实现区域间能量互通互济，构建"全绿电新型电力系统示范区"。建设"分布式光伏智慧运行"场景，分布式光伏出力控制策略可推广至存量光伏的改造，促进线路自治、变电站自治、区域电网自治，实现源网荷储友好互动。

（3）业务做法。

1）推进光伏"四可"精准管控。基于 5G 通信技术，挖掘人工智能算法，实现融合终端与配电自动化主站之间海量数据传送，建成具备"可观、可测、可控、可调"功能的分布式光伏电站。

2）强化配电网智慧感知能力。加快配网智能化升级，基于电网中台同源系统、配电自动化系统，先行构建配电自动化系统快速成图场景，实现自动化终端全覆盖及全量数据精准采集。

3）建立负荷监测和动态响应体系。建成县级电力负荷管理中心，与用电企业签订"需求响应协议"，推动负荷监测，开展削峰填谷需求动态响应。

4）打造"光储互动"县域新型电力系统样板间。打造"全绿电台区"和"多台区能量互济"两大场景，实现省级云主站及配电自动化系统云计算与台区智能融合终端边缘计算云边协同、台区智能融合终端间边边协同、台区智能融合终端与终端设备边端协同的"光储互动"三大协同场景。

3. 成效亮点

（1）经济效益。

数字技术赋能电网、清洁能源、多样性负荷的协调优化控制，提高源网荷储互动和消纳能力。

（2）社会效益。

分布式光伏"四可"智慧管控，本地消纳率由不足 60% 提升至 96% 以上，台区低压侧电压合格率 100%，提升区域电网均载能力，实现动态增容和能源优化配置。

（3）管理效益。

"光储互动"的县域新型电力系统样板间成果在 2023（第二届）农村能源发展大会主题论坛发布。

8.4.5　北斗、5G 与无人机自主巡检融合场景

1. 背景介绍

目前，电力巡检需无人机飞手携带飞机随车前往现场，对人员车辆依赖度高，且输电线路通道地形复杂，巡检地点需要人车频繁转场更换，无人机优势无法充分发挥；设备规模递增与运维人员数量递减的矛盾日渐突出，需进一步对无人机巡检技术开展探索，提高电力巡检质效。北斗、5G 与无人机自主巡检融合场景如图 8-40 所示。

图8-40 北斗、5G与无人机自主巡检融合场景

2. 北斗、5G与无人机自主巡检融合场景实践

（1）建设思路。

建设智慧无人机机场，实现规模化运营。发挥优势，推动专业管理创新。利用5G的低延迟传输特性，赋能提升输电巡检智能化水平，实现足不出户自动飞巡、多机多线程并行作业管理、飞行过程中缺陷隐患实时识别。依靠"北斗RTK+视觉引导"，助力提高飞巡工作效率，增强无人机定位精度和抗干扰能力，提升飞巡任务精准性，实现无人机异地精准起降。实现输电巡检全自动线上闭环管理、保电应急等多场景应用，促进输电巡检职责变革升级。

（2）预期目标。

5G+北斗+智慧机场是通过智慧机场替代巡检人员操控无人机开展巡检工作，利用5G、北斗等技术实现远程高效传输、低延时、精准飞行的新型电力巡检模式，其预期目标如图8-41所示。

图8-41 5G+北斗+智慧机场建设预期目标

（3）业务做法。

1）提升机载通信能力及拓展性。应用无人机 5G 通信模块，解决无人机执行过程中实时图传卡顿、延时高及数据回传速度慢等问题。拓展多厂商无人机机场的接入端口，实现一平台多用，可满足多专业不同机场的接入需求。

2）实现无人机异地跳飞。通过北斗 RTK 实现高精准定位，机场模拟遥控器融合视觉引导等技术，动态调整机身姿态，提高无人机飞行稳定性、降落精准度，完成无人机不同机场间异地蛙跳、对飞和轮转。

3）优化机场平台端的控制功能。改进多机场不同应用场景下远程实时监控界面，升级平台红外解析模块，以及无人机航线智能规划生成功能，如图 8-42 所示。

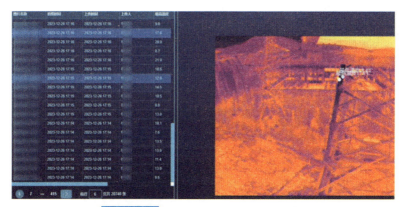

图 8-42 优化机场平台端的控制功能

4）智能调度及跨专业的应用。平台可自定义计划周期，智能执行计划任务，全自主开展巡检、数据分析等工作。增加的主网通道巡视测温、变电站红外普测巡视等功能，能支撑跨专业应用。智能调度及跨专业的应用场景如图 8-43 所示。

图 8-43 智能调度及跨专业的应用场景

5）修编制度实现流程重塑。同步修编线路运行规程，将无人机机场巡检纳入业务流程再造的关键一项，与无人机常规巡检、人工巡检、可视化巡检形成互补。

3. 成效亮点

（1）通道巡检、操作控制更迅捷。

5G机场巡检作业提升5倍以上，一人操作多机场作业，巡检质效成倍增长；贯通统一不同类型机场操作系统，任务下达时间缩短50%以上。

（2）数据传输、一机复用更高效。

利用5G实现高清实时视频成果同步传输，缺陷隐患早处置；创新应用异地起降功能，实现10kV配网线路巡检、变电站普检等跨专业应用，经济效益更高。

（3）数据分析更智能。

智能处理飞行数据，智能识别通道类缺陷隐患，如防鸟设施损坏、线下大型施工机械等设备缺陷隐患，缩短数据处理时长。

第五节　未来展望

数字化转型为发展新质生产力提供新动力和新工具，以云计算、大数据、人工智能、区块链和移动通信等为代表的数字技术已然成为新质生产力的内核。在科技发展日新月异的今天，电网数字化转型是一场深刻的变革，它将重塑能源行业的未来格局。

面对新型能源体系与新型电力系统构建的迫切需求，实现数字技术与电网生产业务深度融合，赋能传统业务数字化智能化转型升级，提升电力系统全环节和全要素的灵敏感知、精准控制、快速响应、防灾抗灾等能力，是把握新一轮科技革命和产业变革新机遇的战略选择。

为扎实推进数字化转型工作，坚持问题导向和系统观念，电网企业构建了"三位一体"的数字化管理体系：以"三年登高行动"为总揽，引领方向；以实施"一地一特色、一单位一核心"的数字化能力建设为布局，精准施策；以依托"揭榜挂帅"项目为抓手，实现重点突破。

电网企业数字化转型工作内涵丰富、意义深远，通过数字技术对电网的规划、建设、运营、管理等各个环节进行全维度、全要素、全环节的重塑和赋能，构建安全、稳定、经济和高效运行的电网，全面提升资源配置水平，增强电网灵活性、互动性和抵御极端气候和意外事件等内外部风险的能力。数字化转型也将推动能源领域的跨界融合，赋能城市能源智能化管理，促进充电基础设施的智能化升级，不断拓展数字化转型的应用边界与发展潜力。

数字化转型前景广阔，但在技术、安全和管理等方面的挑战也日益凸显，存在数字感知能力不强、业务融合程度不足、决策响应速度滞后和多学科跨专业技术复合型人才稀缺等问题，电网企业数字化转型也将是一个长期、复杂、系统的过程。

数字化转型是电网适应大规模、高比例新能源发展的必然选择，让我们携手并进，以坚定的信念和不懈的努力，共同书写电网企业数字化转型的新篇章！

附录1　知识拓展

1. 电网企业数字化转型

电网企业数字化转型是指电网企业运用数字技术，对业务、管理和服务进行全方位、系统化的改造和升级，以提高运营效率和客户体验，实现智能化、自动化和可持续发展的过程。电网企业数字化转型包括三个转型和两个升级，其中三个转型包含：电网生产数字化转型，企业经营数字化转型，客户服务数字化转型。两个升级包含：创新能力升级和新兴产业升级。

2. 三融三化

三融：融入电网业务，融入生产一线，融入产业生态。

三化：业务智能化，数据价值化，架构中台化。

3. 机房功能

（1）数据存储与处理：为大量的数据提供安全的存储环境，同时保障数据处理设备（如服务器等）的正常运行，以满足各种信息系统的需求如附图1-1所示。

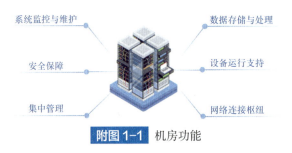

附图1-1　机房功能

（2）设备运行支持：确保服务器、网络设备、存储设备等关键硬件设施在适宜的环境条件下稳定工作。

（3）网络连接枢纽：作为网络连接的核心点，实现内部网络与外部网络的连接和数据交换。

（4）系统监控与维护：便于对设备和系统进行实时监控，及时发现问题并进行维护和修复，保障系统的连续性和可靠性。

（5）安全保障：提供物理安全防护，防止未经授权的访问、盗窃或破坏，同时具备防火、防水等措施。

（6）集中管理：使信息技术资源能够集中管理和调配，提高管理效率和资源利用率。

4. 机房分级

数据中心机房按照 ABC 划分为三级。

A 级机房通常是最高级别的机房，具有最高的可靠性和可用性要求。A 级机房通常具备多重冗余电源、冷却系统和网络连接，以确保在任何情况下都能持续运行。

B 级机房的可靠性和可用性要求次之，通常用于重要的业务系统和数据处理。B 级机房也具备一定的冗余和备份措施，但可能不如 A 级机房那么严格。

C 级机房则是基本型机房，用于一般的业务系统和数据处理。C 级机房的要求相对较低，但仍需满足一定的电力、冷却和网络连接要求，以确保系统的正常运行。

5. 机房分类

机房的分类方式有多种，常见机房分类如附图 1-2 所示。

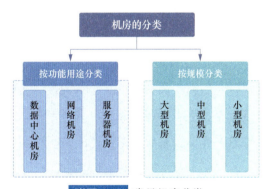

附图 1-2　常见机房分类

（1）按功能用途分类。

数据中心机房：主要用于大规模数据存储、处理和交换，具备高可靠性、高可用性和高性能的特点。

网络机房：侧重于网络设备的安置和运行，保障网络的通畅。

服务器机房：专门放置服务器等关键计算设备。

（2）按规模分类。

大型机房：具有较大的空间，容纳大量的设备和复杂的系统。

中型机房：规模适中。

小型机房：相对较小，设备数量较少。

6. 机房等保

机房等保即机房的等级保护。等级保护是对信息和信息载体按照重要性等级分级别进行保护的一种工作。对于机房来说，进行等保主要是确保机房内的信息系统安全。

具体来说，机房等保包括一系列的要求和措施。

（1）物理安全：保障机房的位置安全，具备防火、防水、防潮、防静电等设施。

（2）网络安全：包括网络架构的合理性、访问控制策略等。

（3）系统安全：确保操作系统等的安全性和稳定性。

（4）数据安全：保护数据的完整性、保密性等。

7. 广域网和局域网

广域网是连接不同地区局域网或城域网计算机通信的远程网络，通常跨接很大的物理范围，所覆盖的范围从几十千米到几千千米，能连接多个地区、城市和国家，或横跨几个洲，并能提供远距离通信，形成国际性的远程网络。

局域网是一种计算机网络，它通过数据通信网或专用数据电路，将方圆几千米内的各种计算机、外部设备和数据库等互相联接起来。局域网是封闭型的，可以由办公室内的两台计算机组成，也可以由一个企业内的上千台计算机组成。

8. 数据中台

数据中台是指将电网企业的数据资产进行集中式管理，通过数据整合、处理、分析和共享，提供数据服务和支持企业业务决策的一种平台。数据中台架构如附图1-3所示。数据中台旨在打破数据孤岛，实现数据资产的共享和复用，提升企业的数据利

附图1-3 数据中台架构

用效率和价值。数据中台是企业级数据能力共享平台。数据通过分层与水平分解，经过汇聚、存储、整合、分析、加工，形成贴源层、共享层、分析层沉淀公共的数据能力，根据业务场景进行服务封装，形成企业级数据服务，支撑前端应用敏捷迭代和快速构建，实现数据价值共享。

9. 结构化数据

结构化数据是指以一种有组织、易于理解和处理的格式存储和呈现的数据。它具有明确的结构和模式，通常遵循预定义的规则和格式。例如，在关系型数据库中，表的结构和列的定义就决定了数据的结构化形式。

10. 半结构化数据

半结构化数据是一种处于结构化数据和非结构化数据之间的数据类型。它具有一定的结构特征，但结构并不像结构化数据那样严格和固定。常见的半结构化数据包括 XML 文档、JSON 数据、电子邮件等。

11. 非结构化数据

非结构化数据是指没有固定结构或模式的数据，不遵循特定的预定义数据模型。这类数据形式多样，包括但不限于文本、图像、音频、视频、社交媒体帖子、网页内容等。与结构化数据不同，非结构化数据难以用传统的关系型数据库表格形式进行整齐地组织和存储。

12. 业务中台

业务中台是企业级业务能力共享平台。将电网建设、电力营销、规划计划等相关业务系统中的核心业务处理能力沉淀为各共享能力服务中心纳入业务中台，提供"敏捷、快速、低成本"创新能力和统一企业级共享服务，持续提升业务创新效率。业务中台从管理上破除了系统建设的"部门级"壁垒，形成灵活、轻量、便捷的共享能力中心，每个中心下建设多个微服务，通过支撑前端微应用的快速构建和稳健运行实现业务应用和价值创建。通过技术创新和管理变革交叉赋能，完成以客户为中心的快速迭代和创新，实现电网企业在客户、电网等核心业务能力提升及资源聚合。业务中台架构如附图 1-4 所示。业务中台支持快速、低成本的业务创新，通过整合数据和功能，提供统一的业务服务，以优化资源配置、提升管理水平和业务创新效率。

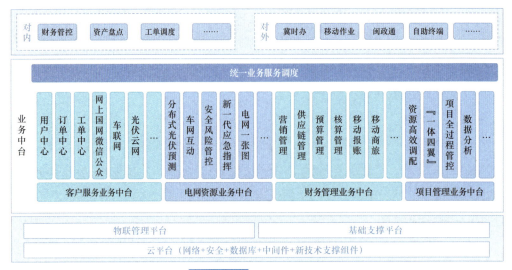

附图1-4 业务中台架构

13. 电网资源业务中台

电网资源业务中台是统筹电网资源、设备资产等数据，实现电源、电网到用户全网数据的统一标准、同源维护、统一管理的业务中台，采用两级部署的方式，通过"服务共享化、应用多样化"，实现规划、建设、运行多态图形的一源维护与闭环管理，形成"电网一张图"，支撑发展、物资、财务、调度、运检、营销等"业务一条线"，全面形成覆盖"发–输–变–配–用"的电网资源、资产、拓扑等基础数据共享服务体系。

电网资源业务中台主要由12个共享服务中心和企业级量测中心、"电网一张图"、企业级气象数据服务中心组成，如附图1-5所示。12个共享服务中心分别为电网资源中心、电网资产中心、电网图形中心、电网拓扑中心、模型管理中心、测点管理中心、计量应用中心、电网分析中心、设备状态中心、作业资源中心、作业管理中心、电网环境中心。通过汇聚融合"一张网"动、静态数据，采集各类电网信息和气象信息，支撑"业务一条线"运转，实现业务应用的快速、灵活构建。

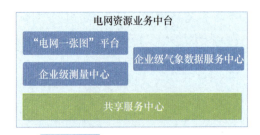

附图1-5 电网资源业务中台组成

14. 客户服务业务中台

客户服务业务中台是通过统筹营销、交易、产业、金融等业务需求，汇聚客户资源、整合服务渠道、集中服务运营，服务于电网客户的业务中台，采用两级部署的方式，通过"渠道融合、客户聚合、业务融通、能力开放"，实现对电网企业各业务条线客户资源整合和共享业务服务构建，推进办电、交费、能源服务等业务提升，赋能电网企业供电业务、能源电商、能源金融等新兴业务，打造与外部市场主体共建、共享、共赢的能源服务新生态。

客户服务业务中台聚合电网企业客户资源，通过场景化应用提炼共享服务，建成用户、订单、工单、账单、支付、客服、消息、积分 8 个共享能力中心，通过横向新增共享能力中心的方式持续拓展客户服务业务中台的业务服务能力。

客户服务业务中台主要具备以下 8 项功能（见附图 1-6）分别为：

1）用户管理：提供账户注册、登录、实名认证、信息修改、档案信息查询等服务。

2）订单管理：提供线上购物、交费等服务订单提供统一管理服务。

3）工单管理：提供业扩办电、新能源工单、进程通知、工单查询等服务。

4）账单管理：提供个人账单、企业账单、电子发票、缴费记录等服务。

5）支付管理：为电 e 宝自有支付渠道及第三方支付渠道提供统一管理。

6）客户服务：人工交互、智能交互、在线制单、在线查询等服务。

7）消息管理：提供消息发送、消息查询、消息通知、消息管理等服务。

8）积分管理：提供积分签到、积分兑换、积分获取、积分查询等功能。

附图 1-6　客户服务业务中台功能

15. 项目管理业务中台

项目管理业务中台具备集成化管理、实时监控、资源协调和决策支持等主要功能，并能够为企业提供标准化、灵活化、可视化和智能化的项目管理服务，通过整合项目管理的各项功能和资源，形成完整的项目管理体系，支持项目的全生命周期管理。

项目管理业务中台由项目规划、项目储备、项目计划、项目执行、项目评价、项目资源、项目流程、项目合规、管理创新、项目生态等 10 个共享能力中心组成，如附图 1-7 所示，旨在提升电网企业项目管理能力，提高项目管理精益化水平。

附图 1-7 项目管理业务中台组成

客户服务业务中台主要具备 5 项功能，分别为：项目规划、项目储备管理、项目计划、项目执行追踪、项目评价，如附图 1-8 所示。

（1）项目规划：对内支撑计划安排有效衔接，对外支撑电网项目核备。

（2）项目储备管理：建立电网企业全口径储备项目库，实现项目可研在线审核。

（3）项目计划：构建评价模型及项目全口径全过程评价指标体系。

（4）项目执行追踪：建立项目流程节点可视服务及风险预警提醒机制。

（5）项目评价：构建评价模型及项目全口径全过程评价指标体系。

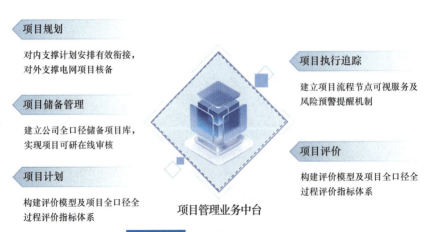

附图 1-8 项目管理业务中台功能

16. 财务管理业务中台

财务管理业务中台是一个集中化、标准化的财务管理平台，旨在整合企业内部的财务资源、优化财务流程、提高财务工作效率，并为企业战略决策和业务运营提供有力的财务支持。

财务管理业务中台基于全场景、全环节、全领域价值管控需求，构建发票、报账、收支、对账、账务、资源配置、经营分析、规则管理 8 个共享能力中心，如附图 1-9 所示。通过业务系统自动触发服务调用，实现各项业务遵循规则全聚合、数据流程步骤最精简、业务规范控制全在线、操作处理全自动，敏捷响应业务与管理变化。

附图 1-9 财务管理业务中台组成

财务管理业务中台主要具备 8 项功能，分别为：发票中心、报账中心、经营分析中心、对账中心、账务中心、资源配置中心、规则管理中心，如附图 1-10 所示。

（1）发票中心：发票认证服务、发票校验服务、发票查询服务。

（2）报账中心：报销标准管理服务、费用分摊规则管理服务、费用台账管理服务。

（3）收支中心：银行流水获取服务、资金收款服务、资金支付服务。

（4）经营分析中心：核心资源变动情况、电网各项业务执行情况、各业务单元的价值贡献情况、价值潜力发掘分析。

（5）对账中心：对账协同服务、主辅对账服务、对账结果查询服务。

（6）账务中心：凭证生成服务、凭证冲销服务、凭证查询服务。

（7）资源配置中心：预算控制服务、资金控制服务、资产预测服务。

（8）规则管理中心：规则配置管理、规则发布管理、规则运行监控。

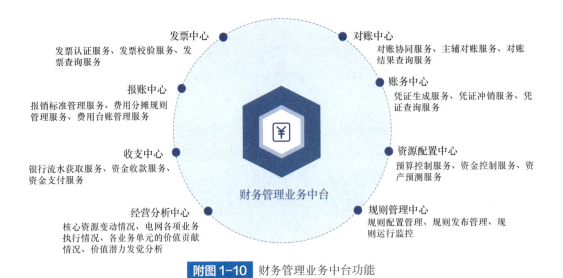

附图 1-10 财务管理业务中台功能

17. 企业级量测中心

企业级量测中心是电网资源业务中台的重要组成部分，是在电网资源业务中台前期建设成果的基础上，汇聚电网各环节电、非电采集量测实时及历史数据，构建完整、准确、即时的数字孪生电网，实现物理电网在数字空间的动态呈现，满足新型电力系统建设要求。企业级量测中心统一汇聚电网各环节电、非电和碳采集量测数据，以实时转发、数据分析和数据服务方式支撑各专业高速共享应用，并持续沉淀采集控制数据共性服务。为电网的安全、高效运行提供有力支持，推动电网的数字化、智能化发展。

企业级量测中心主要具备 8 项功能，分别为：数据即时汇聚、高速转发共享、数据链路监测、数据质量监测、统一数据标准、动态实时拓扑、典型场景支撑、精准计算推演，如附图 1-11 所示。

附图 1-11 企业级量测中心功能

（1）数据即时汇聚：实时采集、汇聚电网各个环节的电量和非电量数据。

（2）高速转发共享：提供量测数据转发、订阅服务，保障业务应用数据的实时供给。

（3）数据链路监测：对源端系统到量测中心的数据接入链路进行监测。

（4）数据质量监测：对接入数据的数据质量开展分析统计。

（5）统一数据标准：构建统一的电网企业级量测数据模型，涵盖电类、非电类以及碳类数据。

（6）动态实时拓扑：基于业务中台设备资源、资产、拓扑信息，共同构建实时动态电网。

（7）典型场景支撑：支撑电网营销、调度等专业典型场景建设。

（8）精准计算推演：推演电网全环节节点负荷，增强节点状态，实现电网透明化。

18. 企业级气象数据服务中心

企业级气象数据服务中心依托于先进的气象数据平台和技术手段，整合中国气象局、电网企业、各专业部门的气象数据资源，为电网行业提供全方位的气象服务，为电网的安全运行、防灾减灾、负荷预测等生产工作提供重要参考依据。

企业级气象数据服务中心主要具备 5 项功能，分别为：气象数据整合与分析、电网运行风险评估、预警信息发布、电网负荷预测、灾害应急响应，如附图 1-12 所示。

（1）气象数据整合与分析：对气象数据进行处理和分析，提取关键气象信息。

（2）电网运行风险评估：分析不同气象条件对电网设备、线路、变电站等的影响，预测潜在的故障点和影响范围。

（3）预警信息发布：根据气象预测和电网风险评估结果，及时发布气象预警信息。

附图 1-12 企业级气象数据服务中心功能

（4）电网负荷预测：预测不同气象条件下的电网负荷变化趋势，为电网规划和运行提供决策支持。

（5）灾害应急响应：在发生气象灾害时，协助电网管理部门制定和实施应急响应计划，确保在灾害期间的电网安全运行和电力供应。

19. "电网一张图"平台

"电网一张图"平台是指将电力系统中发电、输电、变电、配电等各个环节的实时数据、设备状态和运行信息，通过数字化手段整合在一张图上。"电网一张图"是电网企业在数字化转型中的鲜明特征，是实体电网在数字空间的映射，为电网生产、运行和经营业务提供数字化支撑。通过融合设备使用、监测、运维和生产等元素打造多维多态一张图，通过对物理电网进行逻辑抽象和数字化映射，整合多维数据和信息，展现电网的多态运行状况，支持电网规划、建设、运检和客户服务等业务的数字化管理和决策支持。

"电网一张图"平台主要具备 3 项功能，分别为：电网多时态演进变化和历史回溯能力，外部环境空间融合分析能力，电网潮流分布、电网运行状态、设备本体状态展现能力，如附图 1-13 所示。

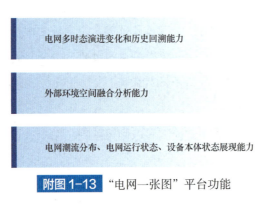

附图 1-13 "电网一张图"平台功能

20. 技术中台

技术中台包括人工智能、电力北斗、外网移动交互平台（以下简称 i 国网）、区块链、统一视频、统一权限等平台，实现了企业级共性技术能力平台化应用、精益化管理、集约化运营和全程全网的无缝集成，节约大量的技术服务重复性开发与运营成本，在电网企业各专业领域和基层广泛应用，为业务场景提供基础、共性的技术服务支撑。技术中台架构如附图 1-14 所示。

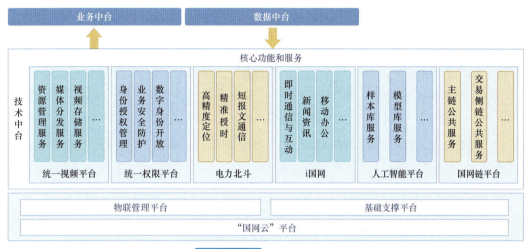

附图1-14　技术中台架构

21. 人工智能平台

人工智能平台主要包括"两库一平台"。"两库"指模型库、样本库，"一平台"指包含运行环境和训练环境的人工智能平台。在样本库、模型库及运行环境的基础上实现需求、样本、模型、应用和迭代的全流程业务贯通，构建人工智能电力关键业务数据的全链条智能处理能力，支撑电网企业更高效、更规范地打造AI精品应用，促进形成电力"人工智能+"的融合创新服务体系。

22. 统一视频平台

统一视频平台定位于电网企业各类视频图像传感设备的统一接入与管理，为设备、安监、基建、营销等业务部门提供视频应用的基础服务支撑平台，是技术中台的重要组成部分。平台通过对视频设备接入、视频调阅控制、视图分析管理等能力持续沉淀，构建安全、标准、规范的支撑体系，为各业务部门提供基于视频应用的共享服务，促进电网企业视频物联生态建设与多方业务共同发展。

23. 统一权限平台

统一权限是电网企业针对实际业务中使用系统多，密码多的问题，开发的一个将账号密码统一纳管的管理系统，系统主要包含包括统一身份、统一认证、统一授权和安全审计4个核心功能模块，实现用户使用同一套账号密码进行多套业务系统认证的使用需求，实现了企业账号权限的统一管理，权限的授权规范流程，从而提升电网企业人员使用业务系统的便捷性，用户使用更加便捷，同时也对账号操作授权等行为的合规性安全性进行进一步的提升。

24. i 国网平台

i 国网平台是电网企业统一线上服务入口。具备即时通信、应用商店、音视频会议和新闻资讯等核心功能，将营销、运检、人资等专业以及企业各单位的移动应用进行深度融合，形成海量业务的汇聚平台。i 国网平台旨在为电网企业的数字化转型提供全面支撑，通过提升平台的核心能力，如连接更广泛、生态更丰富、能力更开放、运营更智慧、工具更高效以及防护更安全等，实现与内外部的互联互通，提升工作效率和业务创新能力。

i 国网平台具有多种功能：

1）即时通信与互动：i 国网 App 支持文字、语音和视频等交流通信方式。用户可以进行单、群聊，发送音视频、图片等，加强用户之间的沟通。

2）新闻资讯：App 发布电网企业热点资讯，用户可以了解电网企业的动态。

3）移动办公：i 国网 App 包含多种移动办公体系，支持移动办公等便捷办公。通过 i 国网完成各业务工作任务，提高工作效率。

4）安全与隐私保护：i 国网 App 有安全防护设计，可对数据进行强有力的保护。支持安全接入、屏幕水印等保密措施，确保用户信息和业务数据的安全。

i 国网平台的产品理念主要体现在为电网企业员工提供统一的移动门户入口，实现即时通信、应用商店、音视频会议和新闻资讯等核心功能的融合。它致力于成为电网企业"一平台、一系统、微应用"的典型实践。通过将营销、运检、人资、物资等专业以及电网企业各单位的移动应用进行深度融合，汇聚海量业务，为用户提供便捷、高效的工作体验。i 国网的产品理念是以用户为中心，通过数字化技术提升工作效率和业务价值，为用户提供更加便捷、高效、智能的工作体验。

i 国网平台智能移动办公助手，简称 AI 助手。旨在通过 i 国网为用户提供服务，目前包含智能工具、传输工具等应用，满足智能移动办公相关需求。智能工具，包含语音转写、打印文字识别和票证识别功能。传输工具，包括图片传输、语音传输和文本传输功能。

25. 电力北斗平台

电力北斗平台是指在电网企业应用北斗卫星导航系统的技术和服务。北斗卫星导航系统是中国自主研发的卫星导航系统，具有全球覆盖能力和高精度定位能力，被广泛应用于各个领域。电力北斗可以用于电力设备的巡检和维护。无人机配备北斗终端可以实现设备的精确定位和导航，提高巡检的准确性和效率。为电力系统的安全运行和管理提供了可靠的技术支持。

26. 区块链平台

区块链是分布式数据存储、点对点传输、共识机制、加密算法等计算机技术的新型应用模式，具有防伪造、防篡改、可追溯、可提效的鲜明特点。电网企业区块链聚焦新能源云、电力交易、优质服务、综合能源、物资采购、智慧财务、智慧法律、数据共享、安全生产、金融科技等十大领域，全面赋能新型电力系统建设和企业高质量发展。

27. 流程机器人（RPA）

流程机器人（Robotic Process Automation，RPA）是一种通过软件机器人来执行重复性的、规则性的工作流程的自动化技术，它模拟人类在计算机上执行任务的方式，实现工作流程的自动化。

28. 网络安全

网络安全是指保护网络系统的硬件、软件及其系统中的数据，不因偶然的或者恶意的原因而遭受到破坏、更改、泄露，系统连续可靠正常地运行，网络服务不中断。其核心目标是确保网络系统和数据的安全性、完整性和可用性，同时防止任何形式的网络攻击和滥用。网络安全需要采取多层次、多手段的综合防护措施，包括技术防护、管理防护和法律防护等，以保障网络系统的稳定运行和数据的安全。

29. 等保 2.0

"等保 2.0"或"等级保护 2.0"是一个约定俗成的说法，指按最新的等级保护标准规范 GB/T 22239—2019《信息安全技术网络安全等级保护要求》开展工作的统称。《信息安全技术网络安全等级保护要求》根据国家网络安全保护的需要和信息技术的发展，对信息系统实施分级保护，以确保信息系统在受到威胁时能够保持业务连续性和数据的完整性、可用性。"等保 2.0"将网络安全保护分为五个等级（一级到五级），每个等级对应不同的安全保护能力，以满足不同信息系统和业务的安全需求。一级最低，五级最高，企业和组织可以根据自身业务的重要性和安全需求选择适合的等级进行保护。

30. 自主可控技术

自主可控技术是指在信息技术领域中，特别是在软件应用层面，采用的技术、产品和服务能够由本土企业或者机构自主研发、设计、生产、升级及维护，从而实现全程的自我掌控，不依赖或受限于外部，对于保障国家安全、维护经济稳定和社会秩序具有战略意义。通过推动自主可控技术的发展和应用，可以减少对外部技术的依赖，增强国家的信息技术实力和国际竞争力。

31. 防火墙

防火墙是一种网络安全防护系统，它通过在网络边界上建立相应的网络通信监控系统来隔离内部和外部网络，以阻挡来自外部网络的非法入侵，它也可以监控内部网络对外部网络的不安全访问行为。防火墙技术是建立在现代通信网络技术和信息安全技术基础之上，结合了硬件和软件的系统，用以实施访问控制策略，阻止未经授权的访问和恶意数据传输。防火墙通常被认为是网络安全的第一道防线，部署于两个单位的网络边界，阻止两个单位间不被允许的访问。

32. 网络安全隔离装置

网络安全隔离装置是一种专门设计的网络安全设备，用于在不同的网络区域之间创建安全边界，以防止不安全的数据流通和网络攻击的发生。这种装置通过物理或逻辑上的隔离技术，确保高度敏感或关键的网络系统与外部网络或者低安全级别的内部网络之间保持分离，同时允许在确保安全的前提下进行必要的信息交换。主要用于生产控制大区和管理信息大区、管理信息大区和互联网大区的边界，保障数据交换的安全性。

33. 虚拟专用网络

虚拟专用网络（Virtual Private Network，VPN）是一种可以在公共网络上建立加密通道的技术，从而为用户提供如同在专用网络上操作一样的体验。通过使用 VPN，用户可以将设备连接到一个远程服务器上，这个服务器再将用户的数据加密并通过安全隧道传输，这样即便数据在公网上流通，也能保护数据免受监听、窃取或篡改。通过这种技术可以使远程用户访问电网企业内部网络资源时，实现安全的连接和数据传输。例如，居家办公时开通外网到内网的 VPN 通道，就可以从外网访问内网的资源。

34. 入侵检测、入侵防御

入侵检测（Intrusion Detection）是一种安全技术，旨在自动监测和识别网络或计算机系统中未经授权或恶意的活动。例如当你的计算机受到了黑客的攻击时，入侵检测能第一时间检测到并发出告警。入侵防御（Intrusion Prevention）是一种主动的安全技术，相较于入侵检测系统（IDS），它不仅能够检测潜在的恶意活动，还能立即采取措施来阻止或中止这些活动，从而实时地保护网络和系统不受攻击。例如当你的计算机受到了黑客的攻击时，入侵防御能第一时间阻断攻击行为。

35. 数据资产

数据资产是指企业拥有或控制的，具有明确业务价值并能带来经济利益的数据资源。这些数据资产包括结构化、非结构化和半结构化数据，可用于支持决策、创造价值、提供洞察和推动创新等。

36. 数据资产管理

数据资产管理是指针对企业所拥有的数据资产，围绕数据收集、存储、处理、应用以及价值实现等方面进行的一系列管理活动，旨在推动数据融合共享应用，在确保数据安全的情况下，充分发挥数据价值。

37. 元数据

元数据是描述数据的数据。简单来说，元数据就像是数据的"身份证"或"说明书"，它提供了关于数据的基本信息，如数据的来源、格式、创建日期、修改历史等，在数据管理中，元数据扮演者非常重要的角色，它有助于数据的组织、检索、共享和保护。

38. 数据盘点

数据盘点是指针对源端业务系统开展数据资源梳理工作，准确识别系统有效数据表，详细梳理表及字段描述信息，结合业务信息系统功能菜单形成数据目录分类，建立有效数据表和目录的对应关系，识别有效数据表间关联关系，便于查询应用。

39. 有效数据表

有效数据表是指在电网企业数据环境中，包含有价值、准确、及时且可用于支持业务决策、运营分析或合规性要求的数据记录或数据集合。这些数据表通常是活跃的，即它们会定期更新，以反映最新的业务情况或操作结果。有效数据表对于企业的数据资产管理和数据驱动决策至关重要，因为它们是企业数据仓库、数据分析平台和业务智能应用的基础。在数据盘点过程中，识别并确定有效数据表是确保数据质量、提高数据利用效率和满足业务需求的关键步骤。

40. 数据分类分级

为了做好数据合规运营工作，需要对数据进行分类分级。数据分类分级是指依据数据的特性、敏感程度及其对组织的价值和安全风险，将其系统性地划分到不同类别和级别上的管理过程。分类是按照数据的性质和用途区分，如用户数据、业务数据等；分级则是根据数据的敏感性和泄露后可能产生的影响程度，设定安全级别，通常分为公开、内部、敏感、高度敏感等。数据分类分级过程有助于组织针对性地采取保护措施，高效管理数据访问权限，确保数据安全合规，同时优化数据资源的利用效率。

41. 数据共享开放

数据共享开放是一种数据流通和利用的模式。数据共享指的是电网企业内部各部门间通过系统或平台实现数据交换，以促进内部资源的高效利用和协同工作。而数据对外开放则是指电网企业将其电力数据或产品服务提供给政府、企事业单位、用电客户及社会公众，以满足外部对数据的需求，推动数字经济的发展。这种开放模式在保障数据安全和隐私的前提下，旨在实现数据资产的最大化利用和价值创造。

42. 数据质量治理

数据质量治理简称数据治理，是指通过政策、流程、系统和角色的协调与管理，确保组织内的数据准确性、完整性、一致性和及时性等质量指标达到预期标准，以支持业务决策和运营。通常包括数据标准制定、数据质量评估、数据清理、监控和改进等工作，涉及多个部门和利益相关者的协同合作。

43. 数据主人制

数据主人制是一种数据管理策略，它强调数据的所有权和责任应归属于数据的产生者和管理者。在数据主人制下，每个数据都有明确的主人，负责数据的产生、维护、管理和使用，确保数据的准确性、完整性和合规性。这种策略有助于优化数据治理体系，提升数据质量，并促进数据的有效利用和决策支持。通过明确责任归属，数据主人制有助于实现数据源端管理和源头管控，为组织提供高质量的数据支持。

44. 数据合规管理

数据合规管理是指以有效防控数据合规风险为首要目的，以电网企业和员工经营管理行为中涉及数据的活动为对象，在法律、法规、规范性文件及标准的共同指引下，开展的有组织、有计划的管理活动。包括保护客户个人信息、电网运行数据、财务与合同信息等的机密性、完整性和可用性。通过制定和执行严格的数据安全政策、加强数据加密和访问控制、培训员工增强数据安全意识等手段，实现数据的合规管理和安全保护。

45. 基层数据服务专区

基层数据服务专区是针对基层用户查数找数难、用数门槛高等问题，数字化职能管理部建立"共性数据集＋自助式分析工具"的数据服务模式，于2022年6月底上线基层数据服务专区。提供基层应用目录、应用共享、统计数据、典型场景、分析工具等功能服务，着力为基层班组、供电所提供便捷找数、用数渠道，支撑基层一线创新数据应用，赋能基层提质增效。

46. 共性数据集

共性数据集是指根据用户常用数据需求，对营销2.0、采集2.0、PMS等系统中原始数据进行整合处理，为用户提供"看得懂"的数据，通过"共性数据集＋BI工具"方式，可通过拖拽方式快速实现明细查询、数据钻取、图表分析等各类数据应用场景。

47. 能源大数据中心

能源大数据中心是基于云平台、数据中台及其软硬件基础设施，按照"政府指导、电网主建、多方参与、成果共享"原则，构建的能源数据汇聚、分析、处理和挖掘的数字服务平台。面向政府、行业、企业提供大数据应用和数据增值服务，支撑政府科学治理和决策、促进能源行业转型升级、服务社会低碳绿色发展。

48. 数字化大厅

数字化大厅是一种利用多媒体和数字技术作为展示手段的综合性展览与接待场所，在运用数字沙盘生动地呈现输配电等各个环节的同时，也能通过智慧大屏直观展示电网企业文化、电力知识、电力看等数字产品，为参观者提供沉浸式视听融合之感。

49. 网上电网系统

网上电网系统是电网企业为顺应能源革命和数字革命趋势，推进"数字新基建"与传统电网的双向互动、共生共进而重点建设的图数一体、在线交互、人工智能的规划可视化平台。以数字化、网络化、智能化为电网赋能、赋值、赋智，利用"大云物移智链"新技术融汇电力物联网数据，着力打造规划可视化平台，实现了电网运行风险实时预警、客户停电事件快速感知、设备本体缺陷实效诊断、廊道运行环境实景管控等全方位、多维度在线诊断分析，为科学规划电网奠定基础。

50. e 基建 2.0 系统

e 基建 2.0 系统是电网企业为适应数字化转型需求，推动电网建设向智能化、绿色化、高端化发展而开发的应用系统，系统紧密围绕"管理、设计、建造、协同"的数智化理念，坚持绿色理念贯穿电网建设全过程，实现了基建专业项目的数字化智能管理，提升了电网基建工程的安全性与业务响应及时性。

51. 设备（资产）运维精益管理系统（PMS3.0）

PMS3.0 是以实现设备、作业、管理、协同"四个数字化"为目标，构建的新一代设备资产精益管理系统。PMS3.0 以电网资源业务中台为核心，向下广泛接入智能设备，汇聚物联感知数据，向上根据电网组织架构按需灵活定制微应用群，支撑现场作业、业务管控、分析决策、生态共享等业务开展，实现设备的数字化、作业的数字化、管理的数字化和协同的数字化。

52. 电能质量监测系统

电能质量监测系统是用于监测和管理电能质量的综合性技术平台。电能质量监测系统的主要目的是确保电力系统的电能质量符合国家标准，保障电力系统的安全、稳定、优质和经济运行，是响应电能质量管理需求、提高供电可靠性和优化电力营商环境的重要措施。通过该系统，能够更有效地监管和提升电能质量，满足用户对电力供应质量的要求。

53. 供电服务指挥系统

供电服务指挥系统包括配电运营管控、客户服务指挥、业务协同指挥、服务风险预警4大模块，作为集成化的管理和服务平台，通过实时监控电网运行状态，集成电网运行、设备状态信息等数据，统一协调管理，利用智能算法和数据分析工具，自动处理和分析信息，预测预防潜在问题。同时具备快速响应机制，确保在电网事件发生时，能够立即采取行动，减少停电时间，提升客户满意度和供电可靠性。

54. 新一代应急指挥系统

新一代应急指挥系统是一种基于先进信息技术的综合管理平台，具备实时性、智能化和高效化等特点。该系统通过集成电网、气象、视频等多源数据，实现应急态势感知、资源监测、预警分析等功能。同时，新一代应急指挥系统还支持多部门协同作战，通过统一的信息平台实现信息共享和实时沟通，有效提升应急响应速度和效率。

55. 安全风险管控监督平台

安全风险管控监督平台是能够快速、准确地识别和分析各种安全风险的管理平台，实现从前端人员准入、作业计划审核、风险点管控方案制定、到岗到位、同进同出人员安排，到现场开收工会、作业中实时监控等线上管控全覆盖，确保了安全管控始终贯彻作业流程，以数字赋能提高安全风险管控能力。

56. 智能电网调度技术支持系统（D5000）

D5000是电网企业开发和使用的智能电网调度技术支持系统，作为智能电网的神经中枢，集成了电网监控、控制、数据采集和分析等功能，实现各级调度之间的信息共享和协调，为电网的智能化、自动化和信息化管理提供支撑。

57. 能源互联网营销服务系统（营销2.0）

营销2.0是基于云计算的中台架构，具有"客户聚合、互动智能、业务融通、数据共享"等特点的新一代营销业务工具，有助于推动电网企业向能源互联网转型，提升客户体验和服务效率。

58. 新一代用电信息采集系统（采集2.0）

采集2.0是在原有用电信息采集系统（采集1.0）基础上，结合大数据、云计算、物联网等技术，全面升级了电力系统的数据采集、传输、处理、存储和应用等环节，实现用电信息的自动化、智能化和精细化管理。采集2.0支持全接入、全采集、全控制，提升采集时效性和末端客户用电行为感知能力。

59. 新型负荷管理体系承载平台

新型负荷管理体系承载平台实现负荷资源统一管理、统一调控、统一服务，实现有序用电下的负荷精准控制和常态化的需求侧管理工作，服务新型电力系统建设、促进可再生能源消纳、提升社会能效水平，助力"碳达峰、碳中和"目标实现。

60. 营销高级辅助决策应用

营销高级辅助决策应用作为营销"4+1"数字化体系中的重要组成部分，是面向省市县所 4 级，集赋能基层、业务监控、专业研判、管理决策、对外服务及展示于一体的应用平台。营销高级辅助决策应用运用数字化技术，实现流程规范化、作业标准化、管理明晰化，支撑营销专业管理创新、服务创新、技术创新的数字化应用系统，驱动业务高效流转，服务营销管理质效提升。

61. 网上国网

网上国网是电网企业线上服务入口，集成了"住宅、电动车、店铺、企事业、新能源" 5 大使用场景，提供高低压居民新装、企业新装、充电桩报装、线上报装、进度查询、电费支付、线上办电、信息查询、电费交纳、用能分析、能效诊断、找桩充电、光伏新装、故障报修、能效服务、在线客服、发票下载等服务，通过应用数字化全方位提高办电效率。

62. 车联网平台

车联网平台是电网企业"互联网 + 充电服务"的 O2O 平台，为全国充电设施统一接入和运营管理提供支撑，在充电站网络基础上开放接入第三方充电桩，形成全国充电一张网，为电动汽车用户提供畅行无忧的充电和用车服务。车联网平台架构包括功能架构和商户架构。车联网功能架构指车联网平台具备客户管理、账户支付体系，为客户提供充值、充电消费服务，为管理人员提供营业收费、清分结算流程支撑。车联网商户架构指为充电平台提供充电桩服务的组织或个人。

63. 电力交易平台

电力交易平台是依托互联网技术构建的电力交易系统，其核心移动端服务统一通过 e- 交易 App 接入。覆盖了电网企业经营区域 26 个省（自治区、直辖市），全面支撑电力交易全业务在线运行。包括省间、省级两部分，分别承担跨省跨区和省内电力交易业务，旨在为电力企业和用户之间提供信息交流、订单管理、结算等服务，有利于促进电力市场的发展，使市场参与者能够高效地交流信息，及时获取最新的市场行情，进行合理的供求匹配和交易。

64. 智慧共享财务平台

智慧共享财务平台包含三部分，一是虚拟共享中心，以系统一级部署、在线资源共享支持操作一平台、管理一标准、数据一个池，全面提升财务业务操作自动化、标准化、规范化水平。二是智慧运营中心，以标准化、敏捷化模型汇聚操作类、分析类数据资源，以自动化、可视化工具支撑多场景、多维度应用，更好支持领导决策智能、业务管理精益和基层创新创效。三是生态创新中心，以数电票全面实施、银行单据直连获取、商旅业务全程无纸、电 e 金服能力升级为切入点，实现以高质量价值数据高效赋能内外部生态圈、产业链上下游。

65. "五 E 一中心"供应链平台

"五 E 一中心"供应链平台包括：企业资源管理系统物资模块（ERP MM）、电子商务平台（ECP）、电工装备智慧物联平台（EIP）、电力物流平台（ELP）及掌上应用 e 物资，以及供应链运营中心（ESC）。"五 E 一中心"供应链平台实现了数字化、智能化供应链管理。

66. 电子商务平台（ECP）

电子商务平台（ECP）平台是电网企业进行物资采购、供应链管理的数字化平台，实现了从计划申报到废旧物资拍卖的全流程在线管控。包括计划管理、采购管理、合同管理、质量监督、仓储配送、供应商关系管理，推动了供应链业务的数字化转型，提高了运营效率和质量，确保了供应链的稳定供应，实现了物资管理的集中化和统一化，优化了物资供应链的各环节，与 ERP、EIP、ELP 等平台协同工作，形成了供应链的数字化、智能化。

67. 企业资源管理系统（ERP）

企业资源管理系统（ERP）是一个集成的企业资源规划平台，用于优化电网企业的业务流程和资源管理，其中的物资模块（ERP MM）覆盖了电网建设项目从规划、设计、建设到采购、运营和结算的全过程管理。主要应用包括电网规划、项目前期管理、项目立项与计划、实施管理、资金管理、财务管理与成本核算、项目验收投运管理，有助于提升电网建设项目的信息化管理水平，实现资源优化配置和风险控制。

68. 电力行业数字化审计平台

电力行业审计的综合性数字化工具，旨在提升审计工作的效率和质量。集成了审计管理、审计作业和数据管理等功能构件，利用大数据、云计算和人工智能等先进技术，实现对电网企业财务和运营活动的全面审计。它支持审计计划、报告、人员管理，以及模型构建和数据分析等作业，确保审计的准确性和可靠性。此外，该平台还包含审计知识库，便于审计知识的管理和应用。

69. 智慧后勤服务保障平台

智慧后勤服务保障平台利用先进的数字技术来提升后勤服务的效率和质量，该系统支持后勤业务的集约化、智能化、数字化管理，适用于多种应用场景，推动智能技术与后勤业务的深度融合，实现后勤工作的"智慧感知、数据贯通、平台统一、智慧应用"，不仅提高了后勤管理的自动化和智能化水平，还为员工提供了更加便捷和个性化的服务，同时也支持了电网企业的数字化转型和绿色发展。

70. 党建信息化综合管理系统

党建信息化综合管理系统是全面响应"网络发展到哪里，党建工作就要覆盖到哪里"的号召，依托数字化技术，实现党的组织、人员、事务等党务管理的自动化、信息化和智能化，提升管理效率，降低管理成本，推动智慧党建的发展。党建信息化综合管理系统可以实现信息的快速传递、数据的实时更新和工作的在线管理，减少纸质文件的打印和传递，不受时间、地点的约束，为党建工作提供实时数据共享，支持随时随地开展党建工作。

附录2 数字化资源申请与使用指引

本附录围绕数字化资源便捷申请,系统介绍了统一权限账号、数据中台数据、基层数据服务专区场景、流程机器人平台使用、移动应用 App 上架、统一视频平台权限申请、电力北斗账号申请、数字化大厅使用申请等内容,努力破除管理壁垒,降低资源申请的时间和成本投入,提高满意度和获得感,促进数字化资源更高水平开放共享。

(1)统一权限账号如何申请?

用户申请统一权限账号需要拨打客服电话提出个人账号申请要求。按照客服人员发送的申请单,填写相关申请材料并由所在电网企业盖章确认后,将申请单扫描件发送至客服邮箱,由 186 客服进行账号申请工单派发,账号创建完成后会告知用户账号及密码等相关信息。账号申请流程如附图 2-1 所示。

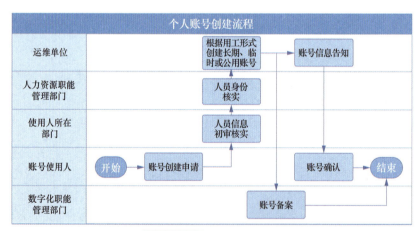

附图 2-1 账号申请流程

(2)账号实名制有哪些要求?

账号类型分为正式员工长期账号、临时账号和公用账号,所有账号都必须与身份证号关联。正式员工账号的身份证号码与人资编码匹配。临时账号需绑定使用者的身份证和责任人(必须是正式员工),且需人资部核实身份后一事一授权,单次授权不超一周，延期需审批。公用账号须绑定责任人身份证号，责任人应经部门和人资部共同核实后，由运维单位处理。

（3）基于数据中台的业务场景如何上、下线？

项目组完成离线、脚本任务等对象开发后填写《电网企业数据中台××××业务场景上下线申请单模板 _V2.1》申请表，发送到中台运维组邮箱后，运维组会对所发布的任务进行检查，包括任务名称的规范性、任务调度周期、运行时长、DI 任务数据流向等。运维组对满足要求的任务自行发布，并通知项目组发布结果，对不满足发布要求的任务，会联系项目组进行整改、调整或作其他处理。

（4）数据中台相关组件如何申请？

组件申请创建时，将技术方案发送到中台运维组邮箱，评审通过后运维组进行创建和赋权；用户添加已有项目时，通过《电网企业数据中台组件权限需求申请表》（简称申请表）申请。项目组填写申请表后发送到运维组邮箱检查无误后反馈回项目组，项目组申请业务部门签字，将扫描件发送到运维部门专责邮箱。运维部门审批签字后流转到运维组执行授权，并反馈授权结果。具体流程如附图 2-2 所示。

附图 2-2 数据中台组件权限申请流程

（5）如何使用自助式分析工具进行数据分析和报表设计？

在日常工作中，需要借助自助式分析工具对感兴趣的数据进行分析挖掘和报表制作，以便更直观地对数据中隐藏的信息进行展示。企业中台中集成了 FineBI 工具来进行自助式数据分析。FineBI 是一款智能化的商业智能工具，旨在帮助用户轻松整合、分析并探索数据，从而快速获得有价值的业务洞察。以煤改电应用场景为例说明其主要使用步骤包括：

1）数据准备：FineBI 提供了强大的数据连接和集成能力，支持多种数据源连接，用户可以通过简单的操作进行数据的清洗、转换和加载（ETL）过程，确保数据质量和可用性。在数据准备→数据列表（实时）→实时数据，查找与户变关系相关的数据集，并将其抽取到自助分析平台中对数据进行筛选和清洗（如附图 2-3 和附图 2-4 所示）。

附图 2-3 数据准备一

附图 2-4 数据准备二

2）报表设计和制作：FineBI 提供了丰富的报表设计工具，用户可以根据自己的需求创建各种类型的报表，如表格、图表、交互式报表等。在完成数据准备后，建立应用专属文件夹，在文件夹下新建空白仪表板。报表设计和制作步骤如附图 2-5 所示。

在空白仪表板中，通过拖拽选方式选取可视化组件进行看板搭建，并为每个组件绑定数据，并对组件属性进行设置，如附图 2-6 所示。

附图 2-5　报表设计和制作一

附图 2-6　报表设计和制作二

3）报表发布和共享：FineBI 支持将报表导出为多种文件格式，如 PDF、Excel 和图片等。用户可以将报表分享给团队成员，并提供权限管理，确保报表的安全性和合规性。仪表板发布步骤：管理系统→管理目录→煤改电目录→ BI 模板→新建仪表板。发布好的仪表板可对组织、角色或用户授权应用权限。报表发布和共享步骤如附图 2-7 和附图 2-8 所示。

（6）基层数据服务专区场景如何申请？

第一步，使用门户账号登录数据运营服务平台，如附图 2-9 所示。

第二步，选择基层专区下的基层数据场景目录，如附图 2-10 所示。

第三步，进入页面后，在关键字中可模糊搜索场景名称。点击"搜索"，如附图 2-11 所示。

第四步，选择想要申请的场景，点击"加入购物车"（可加入多个），如附图 2-12 所示。

附图 2-7 报表发布和共享步骤一

附图 2-8 报表发布和共享步骤二

数据运营
服务平台

附图 2-9 基层数据服务专区登录图标

附图 2-10 基层数据服务专区场景申请步骤二

附图 2-11　基层数据服务专区场景申请步骤三

附图 2-12　基层数据服务专区场景申请步骤四

第五步，添加成功后，点击右上角的"购物车"，如附图 2-13 所示。

附图 2-13　基层数据服务专区场景申请步骤五

第六步，进入我的购物车后，选择"基层数据场景"，可查看到刚选择申请的场景，如附图 2-14 所示。

第七步，勾选要申请的场景，也可以点击"全选"，再点击最下面的"申请"按钮，进行提交，如附图 2-15 所示。

附图 2-14 基层数据服务专区场景申请步骤六

附图 2-15 基层数据服务专区场景申请步骤七

第八步，进入应用场景申请界面后，选择授权账号、有效期、开始时间、结束时间以及需求事由。点击"提交"按钮，如附图 2-16 所示。

附图 2-16 基层数据服务专区场景申请步骤八

第九步，提交成功，进入"我的工作台"，如附图 2-17 所示。

附图 2-17　基层数据服务专区场景申请步骤九

第十步，进入工作台后，选择"我的申请"、点击"查看"按钮，如附图 2-18 所示。

附图 2-18　基层数据服务专区场景申请步骤十

第十一步，进入查看页面后选择"审批人"。审批人选择本人，如附图 2-19 所示。

第十二步，点击"保存"按钮，提示添加成功，如附图 2-20 所示。

第十三步，提示添加成功后，点击"返回"按钮，进入我的工作台，如附图 2-21 所示。

附图 2-19　基层数据服务专区场景申请步骤十一

附图2-20 基层数据服务专区场景申请步骤十二

附图2-21 基层数据服务专区场景申请步骤十三

第十四步，选择"我的待办"，如附图2-22所示。

附图2-22 基层数据服务专区场景申请步骤十四

第十五步，进入待办页面后点击"查看"，如附图2-23所示。

第十六步，进入查看页面后，选择"审批意见"后，点击"提交"按钮，进行提交，如附图2-24所示。

附图 2-23 基层数据服务专区场景申请步骤十五

附图 2-24 基层数据服务专区场景申请步骤十六

第十七步，提交成功后会弹出"审批提交成功"字样。并返回到我的工作台界面，如附图 2-25 所示。

附图 2-25 基层数据服务专区场景申请步骤十七

第十八步，点击"我的申请"，并点击"查看"按钮。查看下一个环节的审批人，如附图 2-26 所示。

附图 2-26 基层数据服务专区场景申请步骤十八

第十九步，审批人审批后可在"基层数据服务专区"下"个人中心"目录下点击"数据清单"，选择典型场景查看申请场景，如附图 2-27 所示。

附图 2-27 基层数据服务专区场景申请步骤十九

（7）移动应用 App 如何在 i 国网上架？

App 开发者需要准备相关的申请表单和材料。包括填写移动应用上线试运行申请单、移动应用备案表、移动应用业务受理单，同时需要准备相应的安全材料用于申请相关的业务支持。

在准备好所有材料后，将这些材料签字并发送至 i 国网运维组邮箱。运维组将对提交的材料进行备案检查，检查通过，这些材料将被发送到电网企业信通部门进行备案。电网企业信通部门在收到材料后，进行进一步的审查。审查通过后，移动应用将获得上线许可，并正式在 i 国网平台上发布。此时，用户就可以在平台上找到并下载使用这款应用了。

（8）如何实现 i 国网移动应用需求？

充分利用 i 国网平台的功能和资源来满足需求。i 国网作为电网企业的线上服务入口，集成了众多专业领域的应用和服务，各类接口技术已经成为应用开发不可或缺的一部分。i 国网平台提供了众多功能模块，移动应用在 i 国网平台上寻找相应的功能模块即可完成所需的具体需求。i 国网平台接口调用与实现如附图 2-28 所示。

附图 2-28　i 国网平台接口调用与实现

基础接口： 该接口的核心功能是判断当前客户端版本是否支持指定的 JS 接口。基础接口的存在，保证了开发人员在开发过程中能够准确地了解客户端的能力，从而避免因为版本不兼容而导致的各种问题。

分享接口： 微信作为中国最大的社交媒体平台之一，其转发和分享功能对于应用的推广和用户互动至关重要。通过 i 国网的分享接口，可以轻松实现微信转发以及分享到微信朋友圈的功能。提升了应用的社交属性，也使用户能够更加方便地分享自己的使用体验和内容。分享接口如附图 2-29 所示。

附图 2-29　分享接口

图像与文件接口： i国网平台提供了强大的功能支持，通过手机中的图像与文件的预览、上传、下载等操作，用户可以轻松管理自己的手机内容。通过这一接口，可以实现各种丰富的功能，如图片编辑、文件传输等，从而为用户提供更加便捷的操作体验。

视频接口： 实现了手机中视频的传输功能。通过i国网平台的视频接口，可以轻松实现视频的上传、下载和播放。

音频接口： 实现了录音传输功能。无论是语音聊天、语音笔记还是语音识别等功能，都需要通过音频接口来实现。i国网平台的音频接口提供了高质量的录音传输能力。

连接技术： Wi-Fi接口支持搜索周边的Wi-Fi，并可针对指定Wi-Fi传入密码发起连接。使用户在使用应用时能够更加方便地连接到网络，提升了应用的便捷性和实用性。而蓝牙spp连接模式组件则提供了蓝牙扫描、连接、蓝牙连接状态的监听以及收发数据等功能。使应用能够与其他蓝牙设备进行无线通信，拓展了应用的使用场景和功能范围。i国网平台连接技术如附图2-30所示。

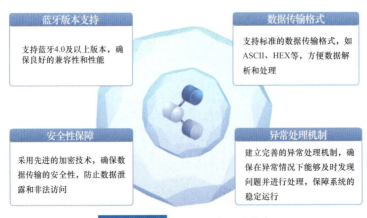

附图2-30 i国网平台连接技术

除此之外，i国网平台还提供了地图组件和获取网络状态接口等功能（见附图2-31）。地图组件使得开发者能够轻松地在应用中加入地图相关的功能，如路线规划、导航等，为用户提供了更加便捷的出行体验。而获取网络状态接口则能够实时监听网络状态变化，确保应用在网络环境变化时能够做出相应的调整和优化。

扫一扫接口（见附图2-32）可以调起i国网的扫一扫功能，实现各种扫码操作。

生物识别接口（见附图2-33）则提供了人脸识别、指纹识别、手势验证等功能，增强了应用的安全性和便捷性。

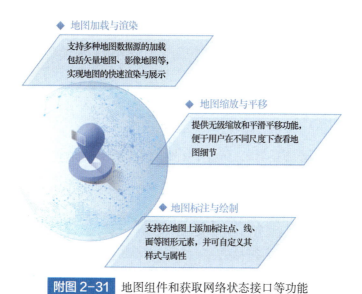

◆ 地图加载与渲染

支持多种地图数据源的加载包括矢量地图、影像地图等，实现地图的快速渲染与展示

◆ 地图缩放与平移

提供无级缩放和平滑平移功能，便于用户在不同尺度下查看地图细节

◆ 地图标注与绘制

支持在地图上添加标注点、线、面等图形元素，并可自定义其样式与属性

附图 2-31 地图组件和获取网络状态接口等功能

高效识别二维码

扫一扫接口具备高效的二维码识别能力，可快速准确地识别各类二维码信息，包括网址、文本、名片等

自定义扫码界面

用户可根据自身需求，自定义扫码界面的样式和功能，提升用户体验和扫码效率

扫一扫接口

扫码结果处理灵活

该接口支持对扫码结果进行灵活处理，如直接打开链接、解析文本信息、添加联系人等，满足用户多样化的使用场景

安全性保障

在扫码过程中，该接口会进行严格的安全性验证，确保用户扫描的二维码安全可靠，防止恶意信息的侵入

附图 2-32 扫一扫接口

组件架构与组成

剖析IFAA生物识别组件的整体架构及各功能模块

数据安全与隐私保护

阐述组件在数据传输、存储、处理等环节的安全措施与隐私保护机制

识别流程与操作

详细介绍生物识别的具体流程、操作步骤及注意事项

附图 2-33 生物识别接口

OCR 接口是一种基于 OCR 技术的应用程序接口，通过该接口，开发者可以将 OCR 功能集成到自己的应用中，实现文字信息的自动识别和提取，极大便利了各类证照信息的提取。

（9）流程机器人平台使用如何申请？

1）平台下载。

第一步，首先通过浏览器打开电网企业官网，点击右上角"服务之窗"，如附图 2-34 所示。

附图 2-34　平台下载步骤一

第二步，点击左侧侧边栏"工具软件"，如附图 2-35 所示。

附图 2-35　平台下载步骤二

第三步，点击第一条"小喔设计器"，如附图 2-36 所示。

附图 2-36　平台下载步骤三

第四步，点击下载最新版本，如附图 2-37 中第三个"一平台 1.4.1.zip"压缩包。

附图 2-37　平台下载步骤四

第五步，下载完之后默认是放在 C 盘（C：\Users），如附图 2-38 所示，进入 C：\Users\503-53（本机用户名）。

附图 2-38　平台下载步骤五

第六步，点击下载，如附图 2-39 所示。

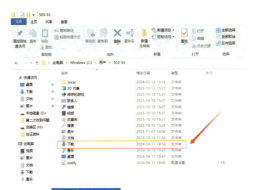

附图 2-39　平台下载步骤六

第七步，进入下载页面，找到文件压缩包并解压。

解压完之后有两个安装文件。需要根据电脑的操作位数来确定安装的对应文件，如附图 2-40 所示。

附图 2-40　平台下载步骤七

如何查看自己电脑操作位数参见附图 2-58 所示。

第八步，将安装包拖到桌面，进行安装，如附图 2-41 所示。

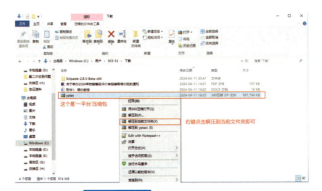

附图 2-41　平台下载步骤八

2）平台安装。

第一步，双击运行平台软件安装包，如附图 2-42 所示。

附图 2-42　平台安装步骤一

第二步，在目标文件夹下输入"D：\RPA\xiaowoTool"，如附图 2-43 所示。

附图 2-43　平台安装步骤二

第三步，若安装过程中出现如附图 2-44 所示界面，勾选"我同意许可条款和条件（A）"后点击安装。

附图 2-44　平台安装步骤三

第四步，安装完成，登录界面点击地址配置，如附图 2-45 所示。

附图2-45 平台安装步骤四

第五步，配置服务地址，如附图2-46所示。

附图2-46 平台安装步骤五

第六步，登录页面选择 ISC 登录，使用门户账号密码登录，如附图2-47所示。

附图2-47 平台安装步骤六

第七步，登录成功后即可在屏幕右上方显示一"平台"面板，如附图 2-48 所示。

附图 2-48　平台安装步骤七

3）Chrome 扩展安装。

第一步，点击设置，如附图 2-49 所示。

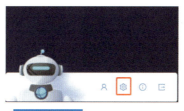

附图 2-49　扩展安装步骤一

第二步，环境配置页面选择 Chrome 扩展安装，如附图 2-50 所示。

附图 2-50　扩展安装步骤二

第三步，打开谷歌浏览器，地址栏输入"chrome：//extensions/"，启用扩展程序，如附图2-51所示。

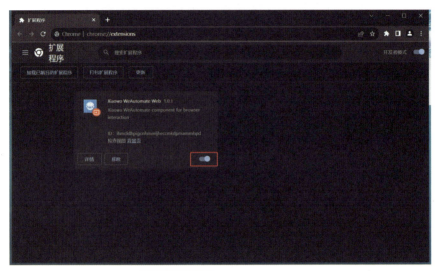

附图 2-51 扩展安装步骤三

若是谷歌浏览器没有出现此扩展程序，可以卸载后重新安装再试。若多次重试依旧不行，卸载浏览器后重新安装85版谷歌浏览器再试。

4）应用安装。

第一步，点击应用市场，如附图2-52所示。

附图 2-52 应用安装步骤一

第二步，点击安装管理→本地安装，如附图2-53所示。

附图 2-53 应用安装步骤二

第三步，将后缀名为"PWO"的文件拖入，如附图 2-54 所示。

附图 2-54 应用安装步骤三

第四步，单次任务创建：右击已安装好的应用，点击任务管理，如附图 2-55 所示。

附图 2-55 应用安装步骤四

第五步，点击创建任务→开启录像→点击创建任务，如附图 2-56 所示（任务强制停止快捷键：Ctrl+Shift+Q）。

附图 2-56 应用安装步骤五

　　第六步，创建循环定时任务：点击创建任务→开启录像→根据实际需要选择任务频率和执行时间→选择任务执行时间段→点击创建任务，如附图 2-57 所示（任务强制停止快捷键：Ctrl+Shift+Q）。

附图 2-57 应用安装步骤六

第七步，查看电脑系统类型：返回桌面，右击"我的电脑"，选择"属性"，查看如附图 2-58 所示位置。

附图 2-58 应用安装步骤七

（10）流程机器人典型场景有哪些？

电网企业流程机器人典型场景，涉及调度、安监、营销等专业，具体如附表 2-1 所示。

附表 2-1　　　　　　　**电网企业流程机器人典型场景情况索引**

序号	所属专业	场景名称	场景描述
1	调度	地区用电综合统计	调控中心每日需向政府发送负荷、电量信息日报，内容包括当日负荷、电量及相关产业用电量。该场景实现负荷、电量自动累计，产业用电量分类统计等功能，以提高数据统计的准确性和效率
2	调度	电网运行概况	调控中心每日需编制电网运行情况日报，内容涵盖负荷、电量、设备缺陷、检修计划，重点区域电网运行情况分析等内容，需从多个报表或系统录入数据。该场景实现原始数据的快速录入，节省人工编制时间
3	调度	自投记录自动汇总	调控中心每日需根据各厂站提供的开关状态与前一日的记录进行对比，生成记录表。该场景实现数据的快速录入和对比，节省人工编制时间
4	安监	企业准入有效期校验	所有的外包队伍进入现场进行施工作业前，需在安全风险管控监督平台办理准入申请，办理准入需持有专业资格证书、企业营业执照等证件。证件的有效期需每年审核，即保证所有证书始终在有效期内。该场景实现对本月所有过往证件进行审查，并找出下个月有效期到期的证件，汇总形成到期明细表

续表

序号	所属专业	场景名称	场景描述
5	物资	协议库存匹配结果校验	该场景通过获取协议库存匹配结果表，将采购申请编号及项目编号与预安排提报明细表的对应信息进行比对，最终实现匹配结果的快速校验和标记
6	配网	故障报修工单核查分析	基层员工每天需通过 95598 业务系统获取前一日的抢修工单反馈信息，对电网企业下属区县的反馈的内容及分类进行该场景核查。该场景通过访问用电采集系统实现工单反馈内容的查询和对比工作，并根据"是否非疑似客户内部故障"的判定规则，将存在问题的反馈信息及改正结果写入白名单
7	营销	不满意工单统计分析	该场景通过自动访问 95598 业务支持系统，完成工单数据的查询，对"非常不满意""不满意""一般"三类数据进行筛选过滤，并根据剔除规则忽略不相关数据，最终实现每日汇报内容自动生成，并以短信形式发送至指定业务人员
8	配网	配抢工单信息自动提醒	由于基层人员每天需时刻查看 PMS3.0 系统的抢修过程管理模块中是否有新的抢修工单生成，并及时进行派单，工作繁重。该场景替代人工完成该项工作，对工单信息进行监控提醒，降低了人力成本，提升了客户用电满意度
9	安监	安全风险管控监督平台作业实施资料自动监控	该场景自动完成安全风险管控监督平台登录，并对日管模块中状态为已开工的作业进行布控球以及作业实施资料的监测，如发现布控球状态异常或未按规定时间内上传实施资料，则通过指定的方式提醒相关监督人员
10	安监	安全风险管控监督平台作业准备资料自动监控	该场景自动完成安全风险管控监督平台登录，并对日管模块中状态为已发布的作业进行勘查记录、三措及方案与工作票的监测，如发现未按规定时间内上传附件的情况，则通过指定的方式提醒相关负责人员
11	安监	安全风险管控监督平台工器具试验日期自动预警	该场景自动完成安全风险管控监督平台登录，并在工器具管理模块中对试验日期进行自动预警，如发现距离下次试验日期少于等于 7 天的情况，则通过短信的方式提醒相关监督人员
12	安监	安全风险管控监督平台工器具数据质量及超期未送检自动告警	该场景自动完成安全风险管控监督平台登录，并在工器具管理模块中对设备的数据质量及超期未送检的情况自动告警，如发现过期未试验或数据质量异常等问题，则通过短信的方式提醒相关监督人员

续表

序号	所属专业	场景名称	场景描述
13	安监	安全风险管控监督平台作业单位及人员准入状态自动校验	该场景自动完成安全风险管控监督平台登录，并对日管控模块中状态为已开工、已完工、已发布的作业进行实施人员准入状态、本年考试成绩及作业单位的准入状态进行自动校验，如发现准入状态无效、考试成绩不及格的情况，则通过邮件的方式提醒相关监督人员
14	办公室	数字化法制企业建设平台合同信息自动汇总	该场景对系统平台内合同相关的信息进行整合，如单位、含税金额、合同编号、合同对方等字段，将其存放到 Excel 文件表中并自动完成合同内附件的下载，节省人工操作整体流程的时间成本
15	后勤	统一车辆管理平台车辆预警信息自动监测	该场景当车辆发出预警信息时，第一时间向管理员发送短信提醒，并同步对比昨日和今日的里程数，通过短信的方式将结果发送至驾驶员
16	安监	安全风险管控监督平台设备绑定状态自动监控	该场景自动完成安全风险管控监督平台登录，并对中心管理模块中设备的绑定状态进行监测，如未发现绑定状态正常的设备，则通过短信的方式提醒相关监督人员
17	安监	新一代应急指挥系统应急工作日报送状态自动告警	该场景自动完成新一代应急指挥系统登录，并对应急工作日报模块中最近一次的日报流程的提交状态进行自动校验，如发现状态为待提交，则通过短信的方式提醒相关监督人员

（11）如何提报工单中心流程化需求？

工单中心是数字化供电所系统的重要基础能力，可实现供电所全量工单统一汇聚、集中办理、集中监控。由各电网企业进行工单流程化配置，基于标准接口和数据中台实现工单汇聚。一线员工通过 i 国网或内网端查询待办工单、已办工单，并可快捷处理。所长、班组长通过工单中心的组织工单查询本供电所工单，基于工单全环节维度进行监控和统计，并开展工单评价和工单催办等管理工作。提报工单中心流程化需求流程如附图 2-59 所示。

附图 2-59 提报工单中心流程化需求流程

1）工单提报配置。

配置主干流程：按照实际业务流程配置主干流程模板，通过并行节点配置并行流程。

分支流程配置：各单位可在标准主干流程基础上按需配置派车、开票领料等分支流程节点。

流程节点定义：对主干流程和分支流程节点逐项配置，确定与待办来源系统、所属工单类型、工单环节的映射关系。工单提报配置如附图 2-60 所示。

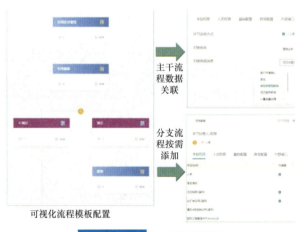

附图 2-60 工单提报配置

2）工单提醒。

通过 i 国网消息号将工单待办、超期、催办等消息强提醒到待办人员，提醒员工查看办理，避免漏办、迟办。工单提醒如附图 2-61 所示。

附图 2-61 工单提醒

3）工单快捷处理。

关键信息推送：员工不进入工单中心就能了解工单主要信息。

快捷处理：简单业务直接一键办理，无需进入业务系统；复杂业务通过链接跳转引导办理，如直接到业扩微应用、泛泛助手等，不需要单独打开业务系统。快捷处理流程如附图 2-62 所示。

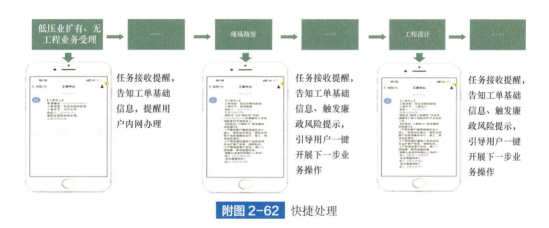

附图 2-62 快捷处理

4）工单预警。

各基层单位根据内部管理要求，自主配置工单预警时限，实现工单超期自动预警。

5）工单催办。

管理人员根据工单处理进度，可以主动发起工单催办，其催办消息通过 i 国网消息号推送至处理人手机上。工单催办流程如附图 2-63 所示。

附图 2-63　工单催办流程

6）工单监控。

普通员工按照固化流程开展业务工单处理，可查询工单来源和全环节详细信息。管理人员通过组织工单查询每个工单的全环节状态，全环节处理人、工单超期情况，并统计本单位的工单执行情况。工单监控流程如附图 2-64 所示。

附图 2-64　工单监控流程

7）工单评价的评价方式。

工单积分评价体系由系统自动评价和工作负责人再分配两部分组成，如附图 2-65 所示。

自动评价：系统根据工单按时完成、超期完成进行自动评价。

再分配：工作负责人根据工单实际完成情况将工单积分再分配到工作参与人员，使得工作绩效日清月结、透明化、灵活化管理。

附图 2-65　工单评价

8）工单去重。

工单按角色推送多人后，一旦有人办结，其余待办人员工单自动清除。

9）统计分析。

按照班组、供电所对组织工单进行统计分析，可应用于辖区设备或人员承载力分析，为电网改造建设或人员配置提供参考，如附图 2-66 所示。

附图 2-66　统计分析

（12）统一视频平台权限申请流程是什么？

基于统一视频平台全域视频资源整合、多场景数据融合应用能力，与各专业业务流程无缝衔接，有效支撑安监、设备、建设、营销等业务领域智能化典型业务场景应用，实现业务的数据驱动与技术赋能。在设备运维领域，构建"输电全景＋立体巡检"、变电设备智慧运维等业务场景。在安全管控领域，与新一代应急指挥、安全风险管控监督平台等系统集成，对各场站、作业现场开展远程巡视巡检，实现基建、设备、配网等专业作业现场的全面管控，作业现场远程视频督查全面覆盖，在生产运行、应急处置、重大活动保电等工作中发挥数字化安全生产支撑作用。在客户服务领域，通过统一视频平台对电网企业营业厅实时监控，有效约束座席现场人员行为，进一步提升供电营业厅服务规范化水平。具体权限申请流程如下。

1）接入申请阶段。

第一步，需求提出人员（申请单位）提出接入统一视频平台申请需求。

第二步，按照统一视频接入要求填写《电网企业统一视频系统接入申请单》《×××业务系统接入方案》，将扫描件打包发送至统一视频运维组邮箱。邮件主题格式为：×××系统接入统一视频材料，并在邮件正文说明具体需求，内容包括集成方式、集成内容、接口调用并发量以及视频调阅用户并发量等信息。

第三步，统一视频专家组对材料审核确认后，对邮件进行回复，接入阶段完成，进入下一流程。

2）集成测试阶段。

第一步，统一视频以上述文件为准则，资料齐全后进入测试。

第二步，统一视频系统接入人员完成上线前集成测试工作。

第三步，测试通过，提交《统一视频平台与×××系统集成测试报告》，签字确认后，进入下一步。

3）接入阶段。

准备检修上线，接入阶段统一视频平台确认并配置集成系统信息，完成系统接入。

（13）如何申请电力北斗账号？

用户填写《电力北斗账号申请单》提交到电力北斗运维单位，运维单位完成创建之后将电力北斗账号下发到对应业务部门。目前各省电力北斗账号不单独收费，通过每年电力北斗数据引入运营项目集中采购，费用按各省投入基准站数量而定。

（14）机房作业常见的注意事项有哪些？

机房作业常见的注意事项主要有以下几个方面：

1）持工作票进机房操作。

2）监护人现场监护。

3）进行机房检修时，并挂上"有人工作"的警告，并上牌挂锁。

4）必须带电作业时，穿戴好绝缘用具，有专人监护。

5）机房内探视井道时，应预防扳手、螺丝、螺丝刀等器具落入井道。

6）接触电路的主板时，不准带电操作，手须触摸主板四边不要碰到主板上各元器件；清理控制屏及主板时，不得用金属构件接触控制板，更不准用手清理。

（15）数字化大厅使用如何预约？

各部门、各单位如需使用数字化大厅开展相关工作，需提前三个工作日通知数字化部，提供总体活动安排方案，明确来访领导、陪同人员、行程安排、参观时长、场景需求等信息，并填写"数字化大厅使用申请单"提交至数字化职能管理部门审批确认。大厅现场支撑团队配合做好技术支持工作。

（16）如何登录新一代设备资产精益管理系统（PMS3.0）？

PMS3.0 系统是电网企业设备资产管理数字化技术平台、设备资产管理数字化业务平台、基层班组管理数字化作业平台；是推进"技术架构、安全策略、应用协同"三个升级，实现"设备、作业、管理、协同"四个数字化的重要保障，主要涉及状态感知、互联互动、现场作业、安全保障、质量管控、决策指挥、管理协同和价值创造八项核心业务能力。在整体架构上，PMS3.0 是以电网资源业务中台为核心，全面基于国网云，采用微服务微应用架构，构建覆盖"三区四层"的现代设备管理体系数字化支撑平台。PMS3.0 的操作方式较为简单，可以通过点击左边目录树里面的菜单即可进入相关界面进行操作，详见附图 2-67 和附图 2-68 所示。

附图 2-67 PMS3.0 系统登录页面

附图 2-68 PMS3.0 系统首页界面

（17）如何登录供电服务指挥系统？

智能化供电服务指挥系统主要用途为省、市、县各层级人员通过系统进行工单管控、停电信息上报、指标分析等操作。

电脑端登录操作说明：

第一步，需使用内网机通过谷歌浏览器访问供服系统登录地址，输入用户名密码进行系统登录，如附图 2-69 所示。

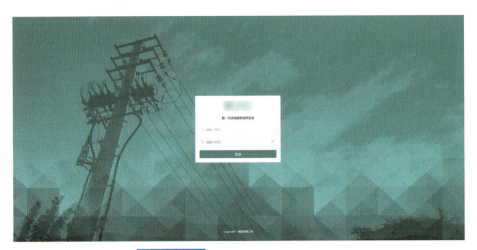

附图 2-69 供电服务指挥系统登录页

第二步，登录完成后，左侧展示系统菜单，点击单个菜单即可进入对应功能，右侧展示已选择的功能操作页面，如附图 2-70 所示。

附图 2-70 供电服务指挥系统首页

手机端登录操作说明：

第一步，登录 i 国网 App，点击供电服务模块自动登录供服 App，如附图 2-71 所示。

第二步，进入 App 后，显示目前待办信息，点击则可进入工单详情页，可以查看工单详细信息，对工单进行接单、到达现场、拍照、回复等流程管控工作，如附图 2-72 所示。

附图 2-71　登录 i 国网 App　　　　附图 2-72　工单详情页

（18）如何登录新一代应急指挥系统？

打开谷歌浏览器，登录企业门户，从企业门户图标中选择并点击"新一代应急指挥"（见附图 2-73 所示），或者在浏览器地址栏输入系统网址，输入用户名、密码，进入新一代应急指挥系统登录页面。

新一代应急
指挥

附图 2-73 新一代应急指挥系统图标

（19）如何登录能源互联网营销服务系统（营销2.0）？

首先进入系统首页面，如附图 2-74 所示营销 2.0 图标。

营销2.0

附图 2-74 营销 2.0 图标

以主动派单为例：

1）基本说明。

通过主动派单可以进行由领导级对下级发起"不需要流程环节"的任务派发。

2）基本操作。

第一步，主动派单查询：输入查询条件，点击查询按钮，数据列表显示符合查询条件的数据，如附图 2-75 所示。

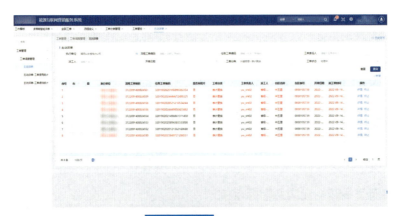

附图 2-75 步骤一

第二步，点击重置按钮，查询条件清空恢复至初始默认状态。

第三步，主动派单新增，点击新增按钮，弹出"主动派单-新增"窗口，如附图 2-76 所示。

附图 2-76　步骤三

第四步，在配合人员栏点击选择按钮，弹出"选择人员"窗口，如附图 2-77 所示。

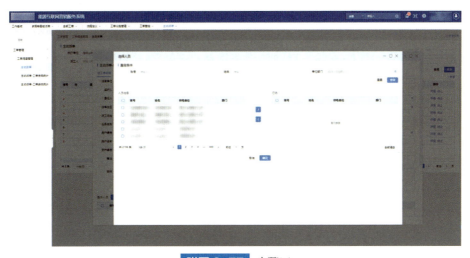

附图 2-77　步骤四

第五步，输入查询条件点击查询按钮，人员信息栏展示对应条件的数据，点击重置按钮查询条件清空，在人员信息栏点击勾选一条或多条人员信息，点击勾选的人员信息在已选栏显示，点击清空，可清空已选栏里的人员信息；已选栏有人员信息后，当点击"取消"或"×"窗口关闭取消选择人员，当点击"保存"窗口关闭选择人员成功。

第六步，点击勾选配合人员栏里的一条或多条数据，点击删除，弹出删除确认提示窗口，如附图 2-78 所示。

附图 2-78 步骤六

第七步，当点击"取消"或"×"窗口关闭取消删除，当点击"保存"窗口关闭删除成功。

第八步，在"主动派单-新增"窗口，填完数据参数，输入数据参数，当点击"取消"或"×"窗口关闭取消新增，当点击"保存"窗口关闭新增成功。

第九步，点击想要修改数据后面的详情按钮，弹出"主动派单-详情"窗口，如附图 2-79 所示。

附图 2-79 步骤9

第十步，默认展示"派工单明细"可以点击表头查看其他信息详情；当点击"关闭"或"×"窗口关闭。

3）主动派单终止。

点击想要终止数据后面的终止按钮，弹出终止确认提示窗口，如附图 2-80 所示。

附图 2-80　主动派单终止

输入数据参数，当点击"取消"或"×"窗口关闭取消终止，当点击"确定"窗口关闭终止成功。

4）主动派单导出。

点击弹出"导出"窗口，如附图 2-81 所示。

附图 2-81　主动派单导出

编辑起始页（必填且为大于 0 的正整数，默认为 1）、终止页（必填且为大于 0 的正整数，默认为 1）、文件名（必填项）、文件类型（默认为 xlsx 文件类型，可选择更改为 xls 或 pdf），起始页必须大于或等于终止页，点击重置，导出设置窗口恢复默认值；点击导出按钮，根据导出窗口设置的参数正确导出数据；点击"×"，窗口关闭取消导出数据。

（20）如何登录新一代用电信息采集系统（采集 2.0）？

首先进入系统首页面，如附图 2-82 所示。

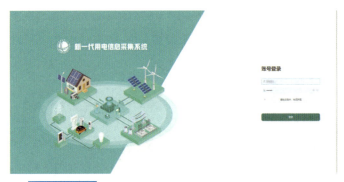

附图 2-82 新一代用电信息采集系统（采集 2.0）首页

目前页面最大可显示 200 条数据，如果数据单元显示不全是支持分页查看的、也可导出报表查看全部数据。

在系统支撑→综合查询→用户数据查询页面根据用户编号信息进行查询用户信息、电量、曲线等信息。

页面右下角有个绿色的按钮可导出数据，查询列表右下角的绿色图标即是报表导出按钮。如数据小于 2 万条可以直接导出，数据大于 2 万条目前权限没有开放，如附图 2-83 所示。

附图 2-83 系统报表导出功能按钮

常用或高频率使用的菜单会在导航菜单的推荐栏中显示，或者添加到我的收藏里。常用菜单可点击五角星收藏按钮添加到我的收藏，如附图 2-84 所示。

附图 2-84 收藏功能演示

以用户电量、曲线数据查询为例：可在系统支撑→综合查询→用户数据查询页面根据用户编号信息进行查询用户信息、电量、曲线等信息。

附录3　电网企业数字化转型相关制度标准目录

制度标准是电网企业内部必须遵循的规则和程序，它的制定和执行对于维护电网企业运营发展秩序、提高过程绩效、降低管理成本、促进知识积累等方面都具有重要作用。

1. 国家级制度标准体系

1）加快数字中国建设，对全面建设社会主义现代化国家具有重要意义和深远影响。引自《数字中国建设整体布局规划》。

2）为解决当时数字化转型缺乏顶层设计和统筹规划、网络安全风险突出的问题。引自《关于深化智慧城市发展推进城市全域数字化转型的指导意见》。

2. 企业级制度标准体系

（1）项目建设合规性。

1）《国家电网有限公司电网数字化项目技术管理办法》（国家电网企管〔2021〕170号）。

2）《国家电网有限公司电网数字化项目费用测算管理细则》（国家电网企管〔2021〕170号）。

3）《国家电网有限公司电网数字化建设管理办法》（国家电网企管〔2020〕849号）。

4）《国家电网有限公司电网数字化项目竣工验收管理办法》（国家电网企管〔2020〕849号）。

5）《国家电网有限公司数字化厂商服务质量评价管理办法》（国家电网企管〔2021〕170号）。

6）《国家电网有限公司电网数字化项目分包管理规范（试行）》（国家电网数字〔2024〕81号）。

7）《国家电网有限公司电网数字化项目可研工作管理办法》（国家电网企管

〔2020〕849 号）。

8）《国家电网有限公司电网信息化项目建设工作量度量规范（试行）》（国家电网互联〔2021〕641 号）。

9）《国家电网有限公司电网数字化项目后评估实施细则》（国家电网企管〔2022〕40 号）。

（2）工作管理规范性。

1）《国家电网公司技术标准管理办法》（国家电网企管〔2018〕222 号）。

2）《国家电网有限公司技术标准专业工作组管理办法》（国家电科〔2022〕333 号）。

3）《国家电网公司信息通信工作管理规定》〔国网（信息 /1）399—2014〕。

4）《国家电网公司信息系统建转运实施细则》〔国网（信息 /4）261—2018〕。

5）《国家电网公司信息系统业务运维管理细则》〔国网（信息 /4）433—2017〕。

6）《国家电网公司软件资产管理办法》〔国网（信息 /3）903—2018〕。

7）《国家电网公司信息系统业务授权许可使用管理办法》〔国网（信息 /3）782—2015〕。

8）《国家电网有限公司信息系统账号权限管理办法》〔2024 国网（信息 3）〕。

9）《国家电网公司信息系统远程访问端口管理规范》（信通运行〔2017〕124 号）。

10）《国家电网有限公司信息系统调度管理办法》（2024）。

11）《国家电网公司网络与信息系统运行方式工作管理规范（试行）》（信通运行〔2015〕143 号）。

12）《国网信通部关于全面开展信息通信应急体系优化提升工作的通知》（信通运行〔2016〕169 号）。

13）《国网数字化部关于做好信息系统上线、检修线上管理工作的通知》（2022）。

14）《国网数字化部关于进一步规范信息系统检修流程的通知》（2023）。

15）《国家电网有限公司数字化架构管理办法》（国家电网企管〔2022〕40 号）。

16）《国家电网有限公司信息系统客户服务管理办法》（国家电网企管〔2022〕40 号）。

17）《国家电网有限公司信息系统测试与版本管理细则》（国家电网企管〔2021〕170 号）。

18）《国家电网有限公司运营监测大厅工作管理办法》（国家电网企管〔2022〕40 号）。

19）《国家电网有限公司关于省级能源大数据中心建设运营的指导意见》（国家电网互联〔2020〕422号）。

20）《国家电网公司计算机软件著作权管理与保护办法》（国家电网企管〔2014〕592号）。

21）《国家电网有限公司数字化建设统筹管理规范（试行）》（国家电网互联〔2021〕641号）。

22）《国家电网有限公司软件正版化管理规范》（互联计划〔2021〕21号）。

23）《国家公司中台白皮书》（2020）。

24）《国家电网有限公司数字化转型发展战略纲要》（2021）。

25）《国家电网公司数字化能力白皮书》（2023）。

26）《国网营销部关于印发数字化供电所建设指南的通知》（营销综〔2022〕66号）。

27）《国家电网有限公司关于进一步规范数据安全工作的通知》（国家电网互联〔2020〕745号）。

28）《国家电网公司信息机房设计及建设规范》（2018）。

29）《国家电网有限公司智慧物联体系常见问题解答手册 V4.0》（2023）。

30）《国家电网公司信息系统账号实名制管理细则》（国家电网企管〔2017〕312号）。

（3）网络及数据安全性。

1）《国家电网有限公司网络与信息系统安全管理办法》（国家电网企管〔2020〕849号）。

2）《国家电网有限公司信息系统设计管理细则》（国家电网企管〔2022〕40号）。

3）《国家电网有限公司信息系统研发与实施管理办法》（国家电网企管〔2021〕170号）。

4）《国家电网有限公司信息系统上下线管理办法》（国家电网企管〔2020〕849号）。

5）《国家电网公司信息安全技术督查管理办法》（国家电网企管〔2014〕1119号）。

6）《国家电网公司网络安全与信息通信应急管理办法》（国家电网企管〔2018〕126号）。

7）《电子数据销毁、擦除和恢复规范》（Q/GDW 10937—2022）。

8）《国网互联网部关于印发国家电网有限公司信息系统和网络安全事件报告工作要求的通知》（互联运安〔2021〕20号）。

9)《国家电网有限公司商用密码应用管理办法》(国家电网企管〔2020〕849号)。

10)《国家电网有限公司办公终端网络安全管理办法》(国家电网企管〔2022〕40号)。

11)《国家电网有限公司网络安全等级保护建设实施细则》(国家电网企管〔2022〕40号)。

12)《国家电网有限公司数据管理办法》(国家电网互联〔2019〕941号)。

13)《国家电网有限公司大数据应用管理办法(试行)》〔国网(信息/2)1072—2022〕。

14)《国家电网有限公司数据共享负面清单管理细则》〔国网(信息/3)1058—2021〕。

15)《国家电网有限公司关于加强数据合规管理的指导意见》(国家电网法〔2020〕740号)。

16)《国家电网有限公司关于数据对外开放的指导意见》(国家电网互联〔2020〕675号)。

17)《信息技术–安全技术–网络安全的准则》(ISO/IEC 27032—2012)。

18)《电力二次安全防护规定》(国家电力监管委员会第5号)。

19)《电力监控系统安全防护总体方案》(国能安全36号)。

20)《国家能源局关于加强电力行业网络安全工作的指导意见》〔国能发安全(2018)72号〕。

21)《泛在电力物联网全场景网络安全防护方案》(2019)。

22)《信息安全技术网络安全等级保护要求》(GB/T 22239—2019)。

附录 4　问答索引

第三章　企业中台

第四章　业务赋能

第五章 网络安全

第六章　数据管理与应用

第二节 大数据应用 / 89

第七章　项目全过程管理

第四节　合规管理 / 113

参考文献

[1] 孟振平. 解放用户：以人民为中心的现代服务理念与实践 [M]. 北京：中共中央党校出版社, 2021.

[2] 张智刚, 康重庆. 碳中和目标下构建新型电力系统的挑战与展望 [J]. 中国电机工程学报, 2022, 42(8): 2806–2818.

[3] 魏晓菁. 隐形战场：网络安全防御之道 [M]. 北京：企业管理出版社, 2022.

[4] 国家电网公司. 现代智慧供应链 – 创新与实践 [M]. 北京：中国电力出版社, 2020.

[5] 国网安徽省电力公司. 电网数字化发展知识手册 [M]. 北京：中国电力出版社, 2021.

[6] 南方电网数字电网集团有限公司. 数字电网基础知识与实践 [M]. 北京：中国电力出版社, 2023.

[7] 国网浙江省电力有限公司. 电力营销新业务应知应会 [M]. 北京：中国电力出版社, 2021.

[8] 吴张建. 中国电力产业数字化 [M]. 北京：中国电力出版社, 2021.

[9] 国网能源研究院有限公司. 国内外能源电力企业数字化转型分析报告 2021[M]. 北京：中国电力出版社, 2021.

[10] 高世楫, 俞敏. 中国提出"双碳"目标的历史背景、重大意义和变革路径 [J]. 新经济导刊, 2021: 22(2): 4–8.

[11] 喻晓马, 程字宁, 喻卫东. 互联网生态 [M]. 北京：中国人民大学出版社, 2016.

[12] 松尾丰, 盐野诚. 大智能时代 [M]. 北京：机械工业出版社, 2016.

[13] 叶荣祖. 智能生态圈 [M]. 北京：中华工商联合出版社, 2017.

[14] 刘永辉, 张显, 谢开, 等. 能源互联网背景下的新一代电力交易平台设计探讨 [J]. 电力系统自动化, 2021, 45(7): 104–115.